Gerd Stuckert

Die neue Rechtschreib-prüfung

umweltfreundlich
auf
chlorfreiem
Papier

ISBN 978-3-89291-643-7

Zeichenerklärung

Wähle einige aus, die du gut findest. Am besten legst du dir eine eigene Kürzelliste an.

Kurzform	Beispiele	Erläuterung der Strategie
		❶ Mitsprech-/Hörwörter (Hw)
	Birne, raten	Ich spreche ein Wort grundsätzlich **silbenweise** mit.
	Markt, Hauptstraße	Überdeutlich buchstabenweise mitsprechen.
V oder V	bald, rot	Vokal wird **kurz** oder **lang** gesprochen.
VM	Paket, leben	Nach einem lang gesprochenen Vokal folgt meist nur ein Mitlaut.
		❷ Denkwörter (Dw)
VdM	Ball, Mitte	Ist nach einem **kurz** gesprochenen Vokal nur **ein** Mitlaut hörbar, dann wird dieser **verdoppelt**.
Vck	Block, wecken, dick	Nach **kurzem** Vokal folgt **ck** (statt kk).
Vtz	Blitz, nützen, spitz	Nach **kurzem** Vokal folgt **tz** (statt zz).
i → ie	Brief, fliegen, hier	Das lang gesprochene i wird meist mit **ie** geschrieben.
		Wort verlängern
□→	lieb → lieber; Geld → Gelder; Reh → Rehe; Berg → Berge	Die Mitlaute **d**, **b**, **g** und **h** am Wortende können besser gehört werden, wenn jeweils das Wort verlängert und silbenweise mitgesprochen wird.
h	Nähe, sehen	Das **h** am Anfang einer Silbe kann man hören.
		Grundform suchen
Gf	legt → legen; geht → gehen; lebt → leben	Bei der Grundform des gebeugten Verbs ist ein Mitlaut deutlicher hörbar.
		Verwandtes Wort suchen.
ä a äu au	hart → Härte Traum → träumen	Wort wird mit **ä/äu** geschrieben, wenn es zu ihm ein verwandtes Wort mit **a/au** gibt.
ll ll	rollen, Rolle, Roller	Wenn einmal im Wortstamm ll, dann bei allen verwandten Wörtern ll.
der die das ↑	der Ball, das Haus	**Großschreibung**, wenn man vor das Wort einen Begleiter (der, die, das) setzen kann.
↓	legen, lustig, gern	**Kleinschreibung** bei allen anderen Wörtern.
		❸ Merkwörter (Mw)
Vh	Bahn, fühlen	Lang gesprochener Vokal mit Dehnungs-**h**.
VV	Haar, Meer	Langer Vokal mit weiterem Selbstlaut → doppelter Selbstlaut **aa, ee, oo**.
Vß	Spaß, heiß	Langer Vokal mit **ß** → Merkwörter mit **ß**.

Hinweise zur Bearbeitung der Übungstexte

1. Ein Wort, das sich im Text wiederholt, nur einmal aufschreiben.
2. Du kannst die Wörter des Textes auch in ihre **Grundform** setzen - so wie sie als Stichwort im Lexikon stehen. Setze dann gebeugte Verben in die Grundform, z. B. setzt (setzen), legte (legen).
Bei **unregelmäßigen Verben** schreibe jedoch das Verb, wie es im Text steht und dazu noch die Grundform, z. B. ritten (reiten), stieß (stoßen)
3. Bei **zusammengesetzten Wörtern**, die gut zu trennen sind, kannst du auch nur das Wort mit der besonderen Schwierigkeit aufschreiben, z. B. Fußballklub ➪ Klub, auseinanderziehen ➪ ziehen.
4. ∞ Schreibe zu den **ä/äu**-Wörtern auch ein verwandtes **a/au**-Wort, z. B. kämpfen - Kampf, läuten - laut.
5. □→ Schreibe zu diesen Wörtern mit **b**, **d**, **g** und **h** am Wortende auch das **verlängerte** Wort, das diese Mitlaute besser hören lässt, z. B. Weg - Wege, mild - milder, Flug|zeug - Flüge, freund|lich - Freunde.
6. Gf Schreibe zu dem **gebeugten** Verb die **Grundform**, in der beim silbenweisen Sprechen der Mitlaut besser zu hören ist, z. B. geht - gehen, sagte - sagen.

Beachte:
Die Häufigkeitswörter (vgl. Häufigkeitswörter-Liste) werden in den Übungen zu den Texten nicht mehr berücksichtigt. Es wird vorausgesetzt, dass diese Wörter bereits sicher beherrscht werden.

Inhaltsverzeichnis

Vorbemerkungen zur neuen Deutschprüfung

Die neue Prüfung in Deutsch ist im Vergleich zu den Vorjahren in zweifacher Hinsicht modifiziert:

I. Bereich: Rechtschreiben

1. Teil: Das modifizierte Diktat oder Kurzdiktat
Zeit: 8.30 Uhr - 8.45 Uhr (15 Minuten)
Das 30-Minuten-Diktat mit ca. 200 Wörtern wird ersetzt durch einen erheblich kürzeren Diktattext mit rund 70 Wörtern, wobei die Diktierzeit zehn Minuten beträgt. Danach hat der Schüler die Möglichkeit, innerhalb von fünf Minuten mithilfe des Wörterbuches sein Diktat unter Aspekten der Rechtschreibung zu überprüfen.
Anschließend sammelt die Lehrkraft Wörterbücher und Schülerarbeiten ein.
Bei der Korrektur wird von der maximal zu vergebenden Punktzahl pro Fehler ein Punkt abgezogen. Die verbleibenden Punkte werden zu den erreichten Punkten aus dem Theorieblock addiert. Die Gesamtpunktzahl aus beiden Teilen ergibt die rechtschriftliche Note, die ein Drittel der Gesamtnote im Fach Deutsch ausmacht. Kommanoten werden nicht erteilt.

2. Teil: Der Theorieblock
Zeit: 8.50 Uhr - 9.05 Uhr (15 Minuten)
Hier kommen bestimmte Rechtschreibstrategien zur Anwendung, wie z. B. Dehnungen, Schärfungen, Mitlautverdopplungen u. a. Auch eine Überprüfung des rechtschriftlichen Wissens im Hinblick auf Fehlerwörter, Zeichensetzung und Grammatik findet im Theorieblock statt.

Einsatzbereich des Buches
Im **Teil I** des vorliegenden Buches stehen Ihnen als Lehrkraft im Diktatblock zehn Diktattexte zur Verfügung. Sie können aus diesem Fundus beliebig auswählen und gezielt üben. Dabei werden beim modifizierten Diktat neben dem ganzen Text auch Lückendiktate oder gar nur das Einsetzen von Buchstaben bei besonders heiklen Rechtschreibfällen angeboten, was auch eine gewisse Zeitersparnis bedeutet. Der Einsatz des Rechtschreibdudens sollte in jedem Fall konsequent geübt werden. Die Aufgaben im Theorieblock sind eng an ministerielle Vorgaben angelehnt und berücksichtigen eine Vielzahl von Rechtschreibstrategien.
Damit Sie bei den Übungseinheiten im Teil I eine Note geben können, wird eine Notentabelle angeboten. Dabei wäre der Notenschlüssel für schwierige Aufgaben empfehlenswert. Er ist immer noch etwas strenger als der übliche Prüfungsschlüssel.

Im **Teil II** sind fünf Diktate angeboten, die den Ernstfall simulieren. Bei diesen Testaufgaben können maximal 28 Punkte erreicht werden.

Rechtschreiben:

Note 1: 28 P. - 25 P.	Note 2: 24,5 P. - 20 P.
Note 3: 19,5 P. - 15 P.	Note 4: 14,5 P. - 10 P.
Note 5: 9,5 P. - 5 P.	Note 6: 4,5 P. - 0 P.

Im **Teil III** stehen Ihnen noch weitere Diktate zur Verfügung, an denen Sie mit Ihrer Klasse spezielle Rechtschreibprobleme eingehend üben können.

Im **vorderen Teil** wie auch im **Anhang** können Sie mithilfe einiger Arbeits- und Informationsblätter wichtige rechtschriftliche Regeln und Begriffe erarbeiten.

II. Bereich: Schriftlicher Sprachgebrauch

Zeit: 9.15 Uhr - 11.45 Uhr (150 Minuten)

Die Textaufgaben bleiben im Prinzip dieselben. Allerdings werden nur noch zwei Texte angeboten, ein Sachtext und ein literarischer Text. Die Prüflinge wählen dann einen der beiden Texte zur Bearbeitung aus. In Sachtexte werden aber vermehrt Grafiken und Zeichnungen mit einbezogen. Das Lesen und Auswerten von Schaubildern wird neuerdings stärker gewichtet als in früheren Prüfungen.

Im Band III „Die neue Aufsatzprüfung“ werden ausschließlich Sachtexte mit Grafiken angeboten, um diese Neuerungen verstärkt üben zu können.

Das Ministerium schlägt zur Bewertung einer Textaufgabe 28 Punkte vor. Halbe Punkte können dabei vergeben werden. Der Notenschlüssel unten ist als Vorschlag anzusehen und hält sich an den bisherigen Verteilerschlüssel. Die erreichte Note zählt zwei Drittel der Gesamtnote im Fach Deutsch.

Note 1: 28 P. - 25 P.	Note 2: 24,5 P. - 20 P.
Note 3: 19,5 P. - 15 P.	Note 4: 14,5 P. - 10 P.
Note 5: 9,5 P. - 5 P.	Note 6: 4,5 P. - 0 P.

Die Gesamtnote wird so ermittelt: Die Note im Rechtschreiben zählt einfach, die für das textgebundene Schreiben doppelt. Teilt man das Ergebnis durch drei, können sich Kommawerte ergeben, die aber zu einer ganzen Note auf- bzw. abgerundet werden müssen.

Beispiel:

Note im Rechtschreiben:	3	$1 \cdot 3 = 3$
Note im textgebundenen Schreiben:	4	$2 \cdot 4 = 8$
		$11 : 3 = 3,\bar{6}$ ➪ 4 (Gesamtnote Deutsch)

Eine erfolgreiche Arbeit mit diesem Buch und ein gutes Gelingen der Deutschprüfung wünscht Ihnen und Ihren Schülern

Gerd Stuckert

Benotungstabellen

für **schwierige** Arbeiten wie
Proben/Schulaufgaben

%	Note	%	Note
100,0 97,5	1,0	59,9 58,0	3,6
97,4 96,0	1,1	57,9 56,0	3,7
95,9 94,5	1,2	55,9 54,0	3,8
94,4 93,0	1,3	53,9 52,0	3,9
92,9 91,5	1,4	51,9 50,0	4,0
91,4 90,0	1,5	49,9 48,0	4,1
89,9 88,5	1,6	47,9 46,0	4,2
88,4 87,0	1,7	45,9 44,0	4,3
86,9 85,5	1,8	43,9 42,0	4,4
85,4 84,0	1,9	41,9 40,0	4,5
83,9 82,5	2,0	39,9 38,0	4,6
82,4 81,0	2,1	37,9 36,0	4,7
80,9 79,5	2,2	35,9 34,0	4,8
79,4 78,0	2,3	33,9 32,0	4,9
77,9 76,5	2,4	31,9 30,0	5,0
76,4 75,0	2,5	29,9 28,0	5,1
74,9 73,5	2,6	27,9 26,0	5,2
73,4 72,0	2,7	25,9 24,0	5,3
71,9 70,5	2,8	23,9 22,0	5,4
70,4 69,0	2,9	21,9 20,0	5,5
68,9 67,5	3,0	19,9 18,0	5,6
67,4 66,0	3,1	17,9 16,0	5,7
65,9 64,5	3,2	15,9 14,0	5,8
64,4 63,0	3,3	13,9 12,0	5,9
62,9 61,5	3,4	11,9 0,0	6,0
61,4 60,0	3,5		

Erreichte Punktzahl : maximale Punktzahl · 100 = Prozentrang

für **leichtere** Arbeiten wie
Extemporalen/Lernzielkontrollen

%	Note	%	Note
100,0	1,0	69,9 68,0	3,6
99,9 99,0	1,1	67,9 66,0	3,7
98,9 98,0	1,2	65,9 64,0	3,8
97,9 97,0	1,3	63,9 62,0	3,9
96,9 96,0	1,4	61,9 60,0	4,0
95,9 95,0	1,5	59,9 58,0	4,1
94,9 94,0	1,6	57,9 56,0	4,2
93,9 93,0	1,7	55,9 54,0	4,3
92,9 92,0	1,8	53,9 52,0	4,4
91,9 91,0	1,9	51,9 50,0	4,5
90,9 90,0	2,0	49,9 48,0	4,6
89,9 89,0	2,1	47,9 46,0	4,7
88,9 88,0	2,2	45,9 44,0	4,8
87,9 87,0	2,3	43,9 42,0	4,9
86,9 86,0	2,4	41,9 40,0	5,0
85,9 85,0	2,5	39,9 38,0	5,1
84,9 83,5	2,6	37,9 36,0	5,2
83,4 82,0	2,7	35,9 34,0	5,3
81,9 80,5	2,8	33,9 32,0	5,4
80,4 79,0	2,9	31,9 30,0	5,5
78,9 77,5	3,0	29,9 28,0	5,6
77,4 76,0	3,1	27,9 26,0	5,7
75,9 74,5	3,2	25,9 24,0	5,8
74,4 73,0	3,3	23,9 22,0	5,9
72,9 71,5	3,4	21,9 0,0	6,0
71,4 70,0	3,5		

Einteilung der Wörter nach ihrer rechtschriftlichen Besonderheit

Man kann Wörter je nach Art ihrer rechtschriftlichen Besonderheit in drei Gruppen einteilen:

❶ Mitsprech- oder Hörwörter
❷ Nachdenk- oder Denkwörter
❸ Merkwörter

zu ❶ **Mitsprech-** oder **Hörwörter**

Die meisten Wörter unserer Sprache sind Mitsprech- oder Hörwörter. Bei diesen Wörtern kann man jeden Laut (Mitlaut und Selbstlaut) hören.
Deshalb: **Deutlich (mit)sprechen**.
Wenn man beim Schreiben diese Wörter ganz deutlich **silbenweise mitspricht** (‿ ‿), kann man **je-den Laut ge-nau hö-ren und schrei-ben**.

H•a•s•e, A•m•p•e•l, M•i•n•u•t•e, T•e•l•e•f•o•n, e•n•t•g•e•g•e•n

Wichtig ist also bei diesen Wörtern: Ich **schreibe** wie ich **höre** und **spreche**.

• **Kurz** und **lang gesprochene Vokale**

Was kann man bei folgenden Wortpaaren feststellen? Bad - Band, Ofen - offen, Blume - bunt
Man muss bei Wörtern unterscheiden, ob der Vokal **kurz** oder **lang** gesprochen wird.
Man setzt bei einem Rechtschreibproblem unter den kurz gesprochenen Selbstlaut einen Punkt und unter den lang gesprochenen Selbstlaut einen Strich.

• Auch den **doppelten Mitlaut** kann man bei mehrsilbigen Wörtern hören.

Hört man am Ende der 1. Silbe denselben Mitlaut wie am Anfang der 2. Silbe, dann verdoppelt man den Mitlaut.

Beispiel: Wet**t**-	1. Silbe endet mit dem Mitlaut **t**	→ We**tt**er	So**n**-	→ So**nn**e	o**f**-	→ o**ff**en
ter	2. Silbe beginnt mit dem Mitlaut **t**		**n**e		**f**en	

Lautgerechtes Schreiben ist die wichtigste Grundlage des richtigen Schreibens.
Deshalb: Spreche deutlich **silbenweise** mit und schreibe nacheinander zu jedem gehörten Laut den entsprechenden Buchstaben. Das hilft oft schon, ein Wort richtig schreiben zu können.

zu ❷ **Nachdenk-** oder **Denkwörter**

Bei diesen Wörtern schreibt man an einer bestimmten Wortstelle einen Laut oder eine Lautverbindung anders als man sie spricht. Durch Nachdenken und Anwenden einer Regel kann man sich aber selbst helfen, das Wort richtig zu schreiben,
Die wichtigsten Überlegungen und Strategien sind:

① Nach einem **kurz** gesprochenen Vokal wird, wenn nur **ein Mitlaut** folgt, dieser **verdoppelt**, z. B. Sto**ff**, Te**ll**er, ko**mm**en, dü**nn**, Tre**pp**e, He**rr**, gla**tt**, Ho**bb**y, Te**dd**y, Ba**gg**er.
Auch die Sonderfälle der Verdoppelung: **ck** (statt kk) und **tz** (statt zz) stehen nach einem **kurz** gesprochenen Vokal (S oder U), z. B. ba**ck**en, Glü**ck**, spi**tz**, Pla**tz**.
② Wörter mit **lang** gesprochenem **i** werden fast immer mit **ie** geschrieben, z. B. Br**ie**f, s**ie**gen.
③ **b** oder **p**, **d** oder **t**, **g** oder **k** am Wortende?
Wenn man ein Wort **verlängert** und silbenweise mitspricht, hört man die weichen Mitlaute **b**, **d**, **g** besser. Das gilt auch für das **h** am Wortende.
Beispiele: lieb → lieber, Hemd → Hemden, Berg → Berge, Reh → Rehe.
④ **ä** oder **e**, **äu** oder **eu**? Wenn es ein **verwandtes** Wort mit **a** gibt, schreibt man **ä**, bei einem verwandten Wort mit **au** schreibt man **äu**.
Beispiel: „Bälle“ hat das verwandte Wort „Ball“. Deshalb **ä**.
Beispiel: „Gebäude“ hat das verwandte Wort „Bau“. Deshalb **äu**.

Kreuze jeweils in der Reihe das Denkwort an und schreibe es nochmals daneben. Markiere die schwierige Stelle.

O für	O dürr	O Tür	______________	O finden	O Fieber	O Monat	______________
O links	O Ängste	O rechts	______________	O krank	O krachen	O kratzen	______________
O Grab	O Gras	O Kraft	______________	O blank	O Blick	O blinken	______________

zu ❸ **Merkwörter**

Dass man fahren mit h und sparen ohne h schreibt, das kann man weder hören noch durch Nachdenken erklären. Bei Wagen hört man ein lang gesprochenes a, bei Waage auch, geschrieben wird jedoch einmal ein **a** und einmal **aa**. Ja, ja - und ohne Flei**ß** kein Prei**s**.

Solche Wörter, bei denen ein deutliches Mitsprechen und ein Nachdenken nicht weiterhelfen, werden als **Merkwörter** bezeichnet. Dazu gehören:

① Wörter, bei denen dem lang gesprochenen Vokal - nicht hörbar - ein Dehnungs-h oder ein weiterer gleicher Vokal folgt:
- Wörter mit Dehnungs-**h**
  ah/äh (Bahn, wählen), **eh/eih** (fehlen, Weihnachten), **ih** (ihr, ihn, ihm) **oh/öh** (bohren, Höhle), **uh/üh** (Stuhl, fühlen)
- Wörter mit doppeltem Selbstlaut **aa**, **ee** oder **oo** (Haare, Meer, Moos)

② Wörter mit **ß**- Laut (Straße, bloß, heiß)

③ Wörter, bei denen der Konsonant anders gesprochen als geschrieben wird:
- Wörter bei denen der **f**-Laut mit **v** geschrieben wird, z. B. Vogel, vor, brav
- Wörter mit **x** oder **chs** (ks- Laut), z. B. Hexe, wechseln

④ Schwierige Wörter mit Vokal oder Doppellaut:
- Wörter mit **ä** (Bär, März) oder **äu** (Säule), die kein verwandtes Wort mit a und au haben.
- Wörter mit **ai** (Mai, Kaiser)

⑤ Fremdwörter
- Wörter mit **y** (Handy, Baby)
- Wörter mit **C/c** (Clown, Comic) und **Ch/ch** (Chaos, christlich)
- Wörter mit **Th/th** (Theater, Mathematik) und **Ph/ph** (Physik, Strophe)

Damit man sich diese Wörter **merken** kann, sind **mehrere Wiederholungen** notwendig. Mit einer gesonderten Behandlung kann das Merken dieser Wörter gesteigert werden. Man muss sich am Anfang immer die wichtige Frage stellen:

Was ist schwierig an diesem Wort?

Markiere diese Aufpass-Stelle und sprich dazu.

Beispiele:	Za**h**l schreibe ich mit „**ah**“.	bei**ß**en hat ein „**ß**“. Gel**ee** schreibe ich mit „**ee**“.
	He**x**e schreibe ich mit „**x**“.	**Th**ermometer hat am Wortanfang ein „**Th**“.
	Veilchen mit „**V**“.	S**y**mpa**th**ie hat ein „**y**“ und ein „**th**“.

Mit solchen Hinweisen macht man sich deutlich, worauf es bei dem Wort ankommt und man wird künftig mit dieser Problemstelle besser fertig.

Die Unterscheidung in Hör-, Denk- oder Merkwort sagt auch aus, wie schwierig ein Wort zu lernen ist. Hörwörter sind leichter zu lernen als Nachdenkwörter und Nachdenkwörter leichter als Merkwörter. Bei Merkwörtern sind deshalb mehr Wiederholungen notwendig als bei den übrigen Wörtern.

Findest du in dem Kästchen mindestens acht Merkwörter? Vielleicht sogar noch mehr? Schreibe sie nochmals daneben.

Spaß	jung	Text	Hase	______	______	______
Radio	Boot	Blitz	besser	______	______	______
Chaos	Bett	Bahn	wachsen	______	______	______
Höhle	Urlaub	Brief	Strauß	______	______	______
Tee	Magnet	System	läuten	______	______	______
Träne	dünn	Kurve	Theater	______	______	______

Kannst du drei Wörter auswählen und begründen, warum diese schwierig sind?

____

____

____

Häufige Fehlerwörter

Abend, am Abend
  abends
Ärger
  ärgern
alle(s)
allein
alt
andere
anders
Angst
ängstlich
Antwort
  antworten
Arzt
außen
  außer
außerdem
bald
bestehlen
beide
die beiden
Beispiel
bekommen
  bekommst
  bekam(en)
belohnen
Bescheid
besser
bisschen, ein bisschen
blieben
bloß
böse, das Böse
brauchen
da-
dann
das
dass
dem
den
denn
dies, diesem
draußen
dunkel-
dunkelblau
Durst
eben
ebenfalls
ebenso
eigentlich
einmal
end-
Ende
endlich
ent-
entfernen
erschrecken
  erschrak(en)
  erschrocken
erzählen
  erzählt(e)
essen, das Essen
  isst
  aßen
fahren
  fährt
  fuhr(en)
  Fahrrad (Fahrräder)
  Fahrt
Fall
  fallen
  fällt
  fiel
fehlen
  Fehler
Fernsehen
fertig
fleißig
fressen
  frisst
  fraßen
Frühstück
geben
  gibt
ganz
gar
gar kein
gar nicht
gehen
  ging(en)
geschehen
  geschieht
  geschah
Glück
groß
  größer
  größte
gucken
  guckte
  geguckt
gut, das Gute
hält
hast
hat
  hatte(n)
  hätte
Haus
hell
her, her-
  heran
  herein
  heraus
hier
hinauf-
hinaus-
hinein-
hinterher
Hunger
  hungrig
ich
Idee
ihm
ihn, **ihnen**
ihr(em)
im
immer
interessant
  Interesse
  interessieren
irgend-
  irgendwas
  irgendwie
  irgendwo
Jahr
jetzt
jung
  Junge
kaputt
keinen, keiner
kennen
  kannten
Kind
klein
können
  kann(st)
  konnte(n)
  könnte
kommen
  komm(s)t
  kamen
können
kriegen
  kriegt
lachen

Die fettgedruckten Wörter sind die häufigsten Fehlerwörter.

lächeln
lassen
lässt
lass(t)
ließ(en)
leben, das Leben
Lehrer/in
lernen
lesen
liest
las(en)
los-
loslassen
Mädchen
mal, einmal, mehrmals
Mal, das eine Mal, mehrere Male
man
mehr
mein, meinem, meinen
meist(ns)
Minute
mit, mit-
Mitte
Mittag
Nachmittag
Mittel
morgen, der Morgen
morgen Abend
heute Morgen
morgens
müssen
muss(t)
musste
Mutter
nach
nach Hause, nachhause
nachdem
nachmachen
nächste(n)
nah(e)
nämlich
nehmen
nimm(s)t
nahm(en)
nicht(s)
nie
ohne
passieren
passiert
Platz
plötzlich
Rad
rauchen
rennen
rannte(n)
rufen
rief(en)
Ruhe
ruhig
Sache
sagt(e)
schaffen
schlecht
schließen
schlossen, geschlossen
schließlich
schlimm
Schloss
Schluss
schnell
schön
Schreck
schrecklich
schreien
schwarz
sehen
sieh(s)t
sah(en)
sein
seid, sind
sein
seinem, seinen
Seite
selbst
selbständig (selbstständig)
sie, Sie
sitzen
saß(en)
gesessen
sollen
soll(st)
sollten
Spaß
spazieren
spaziert
spazieren gehen
Spiel
spielen
spiel(s)t
stehen
stand(en)
Stein
Stelle
stellen
stellt(e)
gestellt
Straße
Stück
Tag(es)
Tod
tot
und
unser
Vater
ver-
vergessen
verlieren
verschieden
viel(e), so viel(e), wie viel(e)
vielleicht
Vogel
voll
vor, vor-
Voraussetzung
vorbei, vorbei-
wahr
waren
wäre(n)
Wasser
Weg
Weihnachten
Weile
weit(er)
wenig
wenn
werden
wird
wider
widersprechen
wieder
will
wir
wissen
weiß(t)
wusste(n)
wüsste(n)
Wissen
wollen, wollte(n)
Zahl
Zeit
ziemlich
zu Ende, zu viel(e)
zuerst
zu Hause, zuhause
zuletzt
zurück, zurück-
zusammen

Zum Aufbau eines Grundwortschatzes

Wissenschaftliche Untersuchungen zum Wortschatz der deutschen Sprache brachten erstaunliche Erkenntnisse für das richtige Schreiben. Danach kann man **richtig schreiben** mit

- den **15** häufigsten Wörtern etwa **ein Viertel** eines **normalen Textes**
- den **100** häufigsten Wörtern bereits **die Hälfte** eines **normalen Textes**
- den **400** häufigsten Wörtern (Kernwortschatz) etwa **drei Viertel** eines **normalen Textes**
- den **1000** häufigsten Wörtern etwa **80 Prozent** eines **normalen Textes**

Die häufigsten Wörter der deutschen Sprache

Es geht nun zunächst um die 100 wichtigsten Wörter, die hier um etwa 50 Wörter erweitert wurden. Da diese 100 bis 150 Wörter etwa - wie oben bereits erwähnt - die Hälfte eines normalen Textes ausmachen, sind sie besonders wichtig. Diese Häufigkeitswörter werden auch als **Strukturwörter** bezeichnet, da sie den inneren Bau (= Struktur) eines Satzes bestimmen.
Untersuche die folgenden Texte und stelle mit deiner Häufigkeitswörter-Liste jeweils fest, ob es tatsächlich zutrifft, dass etwa die Hälfte der Wörter des Textes Häufigkeitswörter sind.

1. Text: Zur Bedeutung des Nachschlagens

Auf die Bedeutung des selbständigen Umgangs mit Nachschlagewerken wird immer wieder nachdrücklich hingewiesen. Solche Hilfsmittel, die jeder Geistesarbeiter am Schreibtisch immer wieder benötigt, müssen auch in der Schule eingesetzt werden. Und damit sie sinnvoll gebraucht werden können, muss das Nachschlagen selbst gelernt und so oft wie möglich geübt werden.
Nachschlagen ist ja nicht nur für die Rechtschreibung wichtig, sondern es ist eine grundlegende Fertigkeit, sich Informationen jeder Art beschaffen zu können. Auch das Nachschlagen im Lexikon, in Katalogen und alphabetischen Verzeichnissen (z. B. Telefonbüchern) gewinnt im späteren Leben immer mehr an Bedeutung. Mit solchen Techniken können tägliche Aufgaben und Probleme besser gelöst werden. Somit lässt sich sagen: Das Wörterbuch ist wahrscheinlich das wichtigste Schulbuch überhaupt. Deshalb ist es ganz wichtig, dass man es auch schnell und richtig benutzen kann.

Wie viele Wörter enthält dieser Text insgesamt? ☐ Wörter Davon ☐ Häufigkeitswörter

Mehr als die Hälfte des Textes Häufigkeitswörter? O ja O nein

2. Text: Erfolgreich lernen

Der Erfolg beim Lernen hängt nicht nur von der Intelligenz, sondern auch vom körperlichen Befinden ab. Gesunde Ernährung, ausreichende Bewegung und ein erholsamer Schlaf sind dazu unerlässliche Voraussetzungen. Warum können wir uns aber bestimmte Dinge so leicht merken, andere wiederum überhaupt nicht?
Die Erfahrung lehrt, dass alles, was für uns von besonderem Interesse ist, fast vollautomatisch gespeichert wird. Wenn ein Kind, das sich Vokabeln oder mathematische Formeln einprägen will, den Sinn seines Tuns nicht sieht, dann werden die Informationen schnell wieder verworfen. Äußerst wichtig ist auch, dass man sich das Arbeitspensum genau einteilt.

Wie viele Wörter enthält dieser Text insgesamt? ☐ Wörter Davon ☐ Häufigkeitswörter

Da diese Häufigkeitswörter sehr oft vorkommen, muss ich sie auch besonders gut lernen, so gut, dass ich sie ganz automatisch kann und wirklich keine Fehler mehr mache.

Zum Aufbau eines Grundwortschatzes

Wissenschaftliche Untersuchungen zum Wortschatz der deutschen Sprache brachten erstaunliche Erkenntnisse für das richtige Schreiben. Danach kann man **richtig schreiben** mit

- den **15** häufigsten Wörtern etwa **ein Viertel** eines **normalen Textes**
- den **100** häufigsten Wörtern bereits **die Hälfte** eines **normalen Textes**
- den **400** häufigsten Wörtern (Kernwortschatz) etwa **drei Viertel** eines **normalen Textes**
- den **1000** häufigsten Wörtern etwa **80 Prozent** eines **normalen Textes**

Die häufigsten Wörter der deutschen Sprache

Es geht nun zunächst um die 100 wichtigsten Wörter, die hier um etwa 50 Wörter erweitert wurden. Da diese 100 bis 150 Wörter etwa - wie oben bereits erwähnt - die Hälfte eines normalen Textes ausmachen, sind sie besonders wichtig. Diese Häufigkeitswörter werden auch als **Strukturwörter** bezeichnet, da sie den inneren Bau (= Struktur) eines Satzes bestimmen.
Untersuche die folgenden Texte und stelle mit deiner Häufigkeitswörter-Liste jeweils fest, ob es tatsächlich zutrifft, dass etwa die Hälfte der Wörter des Textes Häufigkeitswörter sind.

1. Text: Zur Bedeutung **des** Nachschlagens

Auf die Bedeutung **des** selbständigen Umgangs **mit** Nachschlagewerken **wird immer wieder** nachdrücklich hingewiesen. Solche Hilfsmittel, **die jeder** Geistesarbeiter **am** Schreibtisch **immer wieder** benötigt, **müssen auch in der** Schule eingesetzt **werden**. **Und damit sie** sinnvoll gebraucht **werden können**, **muss das** Nachschlagen **selbst** gelernt **und so oft wie** möglich geübt **werden**.
Nachschlagen **ist ja nicht nur für die** Rechtschreibung wichtig, sondern **es ist eine** grundlegende Fertigkeit, **sich** Informationen **jeder** Art beschaffen **zu können**. **Auch das** Nachschlagen **im** Lexikon, **in** Katalogen **und** alphabetischen Verzeichnissen (z. B. Telefonbüchern) gewinnt **im** späteren Leben **immer mehr an** Bedeutung. **Mit** solchen Techniken **können** tägliche Aufgaben **und** Probleme besser gelöst **werden**. Somit lässt **sich** sagen: **Das** Wörterbuch **ist** wahrscheinlich **das** wichtigste Schulbuch überhaupt. **Deshalb ist es ganz** wichtig, **dass man es auch** schnell **und** richtig benutzen **kann**.

Wie viele Wörter enthält dieser Text insgesamt? **122** Wörter   Davon **72** Häufigkeitswörter

Mehr als die Hälfte des Textes Häufigkeitswörter? X ja   O nein

2. Text: Erfolgreich lernen

Der Erfolg **beim** Lernen hängt **nicht nur von der** Intelligenz, sondern **auch vom** körperlichen Befinden **ab**. Gesunde Ernährung, ausreichende Bewegung **und ein** erholsamer Schlaf **sind dazu sehr** wichtige Voraussetzungen. **Warum können wir uns aber** bestimmte Dinge **so** leicht merken, **andere** wiederum überhaupt **nicht**?
Die Erfahrung lehrt, **dass alles**, **was für uns von** besonderem Interesse **ist**, fast vollautomatisch gespeichert **wird**. **Wenn ein** Kind, **das sich** Vokabeln **oder** mathematische Formeln einprägen **will**, **den** Sinn **seines** Tuns **nicht** sieht, **dann werden die** Informationen schnell **wieder** verworfen. Äußerst wichtig **ist auch**, **dass man sich das** Arbeitspensum genau einteilt.

Wie viele Wörter enthält dieser Text insgesamt? **96** Wörter   Davon **50** Häufigkeitswörter

Da diese Häufigkeitswörter sehr oft vorkommen, muss ich sie auch besonders gut lernen, so gut, dass ich sie ganz automatisch kann und wirklich keine Fehler mehr mache.

Häufigkeitswörter-Liste

Diese Kurzwörter (meist Verhältniswörter) kommen sehr häufig vor. Ich muss sie deshalb besonders gut lernen.

a

• **ab** (!) (Abfall, abreisen)
aber
alle, alles, allem, allen
als
also
am (!) (=an dem)
• **an** (!) (Antrag, ankommen)
andere anderen, anderer, anderes, anders
auch
• **auf** (Aufgabe, aufpassen)
• **aus** (Ausweis, ausgehen)

b

bald
• **bei** beim (=bei dem) (Beifall, beiliegen) beide, beiden
bin (!)
bis (!)
bist (du)

d

da dabei, dafür, daher, damals, damit, danach
dann
daran, darauf, darin, darüber, darum
das
dass
davon, davor, dazu
dein, deine, deinem, deinen, deiner, deines
dem
den
denn
der, derselbe
des deshalb, deswegen
dich
die
dies, diese, diesem, diesen, dieser, dieses
dir
doch
dort, dorthin
du
• **durch** (Durchgang, durchblicken)

e

• **ein**, eine, einem, einen, einer, eines (Einfahrt, einsehen)
• **er** (Erfolg, erleben)
erst
es
etwas, etwa
euch
euer eure

f

fast
fest
• **fort** (Fortschritt, fortsetzen)
für

g

ganz ganze, ganzen, ganzer, ganzes
gar, gar nicht
gegen
gestern
gleich

h

haben ich habe, du hast, er hat, er/ich hatte
halb
• **her** herab, heran, heraus, herein (Herstellung, hergeben)
heute
hier
• **hin** (!) hinaus, hinein (Hingabe, hinfallen)
• **hinter**, hinten (Hinterrad, hintergehen)

i

ich
ihm
ihn, ihnen
ihr, ihre, ihrem, ihren
im (!)(= in dem)
immer
in (!)
ins (= in das)
ist

j

ja
jede, jeden, jeder, jedes
jemand
jetzt

k

kann, kannst
kaum
kein keinem, keinen, keiner, keines
können, konnte

l

links
los, loslassen

m

mal, einmal
man (!)
manche, mancher, manchmal
mehr
mein, meine, meinem, meinen, meiner, meines
mich
mir
• **mit** (!) (Mitlaut, mitbringen)
morgen
müssen ichmuss, du musst, er/sie/es muss, musste

n

• **nach**, nachdem (Nachricht, nachdenken)
neben
nein
nicht
nichts
nie
niemals
niemand
noch
nun
nur

o

ob (!)
oben
oder
oft
ohne

r

rechts

s

schon
sehr
sein, seine, seinem, seinen, seiner, seines
sein, er ist, ich bin, du bist, wir sind, ihr seid
seit
selber selbst
sich
sie/Sie
sind (wir, sie)
so sofort, sogar
sollen ich soll, du sollst, er/sie/es soll, sollte

t

trotz, trotzdem

u

• **über** (Übergabe, überlegen)
• **um** (!) (Umstand, umziehen)
und
uns unser, unsere, unserem, unseren
unten
• **unter** (Unterhemd, unterhalten)

v

viel, viele, vielen, vieles, wie viel, so viel, zu viel
vom (!) (=von dem)
von (!)
• **vor**, voran, voraus, vorbei, vorher, vorhin (Vorsicht, vorschlagen)

w

wann
war (ich, er), waren
warum
was
• **weg** (Wegnahme, wegwerfen)
wegen
weil
• **weiter** (Weiterbildung, weitersagen)
welche welchem, welchen, welcher, welches
wem
wen
wenig
wenn
wer
werden ich werde, du wirst, er/sie/es wird
wie
• **wieder** (Wiederholung, wiederkommen)
wir
wird
wo, wofür, woher, wohin, worüber, wozu
wollen ich will, du willst, er/ sie /es will, wollte

z

• **zu**, zuerst, zuletzt (Zustand, zulassen)
zum (!) (=zu dem)
zur (=zu der)
• **zurück** (Zurück-haltung, zurückkehren)
• **zusammen** (Zusammenstoß zusammenzählen)
zwischen (Zwischenlauf zwischendurch)

• = Kurzwörter, die auch als Vorsilben verwendet werden. Da mit diesen Vorsilben viele neue Wörter gebildet werden können, kommen diese Kleinwörter häufig vor.

(!) „Sparwörter", bei denen nach kurz gesprochenem Selbstlaut/Umlaut der eine folgende Mitlaut **nicht verdoppelt** („gespart") wird.

Kleiner Kurzwörter-Test

Du hast sie schon oft verwendet. Immer wieder werden diese Häufigkeitswörter gebraucht. Wie viele Kurzwörter kannst du aus dem Gedächtnis in die Tabelle unten eintragen? Ergänze die fehlenden Wörter mit deiner Häufigkeitswörter-Liste.

Wörter mit doppeltem Mitlaut (VdM)				Vck/tz	Wörter mit ie (i → ie)		

Wörter mit b, d, g am Wortende			Dehnungs-h (Vh)		i ≠ ie (nur i)	Wörter mit v	

Von den Kurzwörtern mit dieser Schwierigkeit	so viele insgesamt	so viele gefunden	Diese Kurzwörter fehlten noch:
• Wörter mit dM (VdM)			
• Wörter mit ck/tz (Vck/Vtz)			
• Wörter mit ie (i → ie)			
• W. mit b, d, g am Wortende			
• W. mit Dehnungs-h (Vh)			
• Wörter nur mit i (i ≠ ie)			
• Wörter mit v			

Kleiner Kurzwörter-Test

Du hast sie schon oft verwendet. Immer wieder werden diese Häufigkeitswörter gebraucht. Wie viele Kurzwörter kannst du aus dem Gedächtnis in die Tabelle unten eintragen? Ergänze die fehlenden Wörter mit deiner Häufigkeitswörter-Liste.

Wörter mit doppeltem Mitlaut (VdM)				Vck/tz	Wörter mit ie (i → ie)		
alle	**denn**	**können**	**wann**	**jetzt**	**die**	**nie**	**viel**
dann	**immer**	**müssen**	**wenn**	**trotz**	**dies**	**niemals**	**wie**
dass	**kann**	**sollen**	**zusammen**	**zurück**	**hier**	**sie**	**wieder**

Wörter mit b, d, g am Wortende			Dehnungs-h (Vh)		i ≠ ie (nur i)	Wörter mit v	
ab	**jemand**	**weg**	**ihm**	**mehr**	**dir**	**viel**	**vor**
bald	**ob**	**wenig**	**ihn**	**sehr**	**mir**	**vom**	**davon**
halb	**und**	**wird**	**ihr**		**wir**	**von**	**davor**

Von den Kurzwörtern mit dieser Schwierigkeit	so viele insgesamt	so viele gefunden	Diese Kurzwörter fehlten noch:
• Wörter mit dM (VdM)	**12**		
• Wörter mit ck/tz (Vck/Vtz)	**3**		
• Wörter mit ie (i → ie)	**9**		
• W. mit b, d, g am Wortende	**9**		
• W. mit Dehnungs-h (Vh)	**5**		
• Wörter nur mit i (i ≠ ie)	**3**		
• Wörter mit v	**6**		

Wichtige Rechtschreibstrategien

Rechtschreibfall	Lösungsstrategie mit Begründung
Ba**ll**, ho**ff**en, ke**nn**en, Mu**tt**er	Ich **verdopple** nach **kurz**gesprochenem Vokal den **Mitlaut**. Ist nach einem kurzen Vokal nur ein Mitlaut hörbar, dann wird dieser verdoppelt.
ko**mm**t, so**ll**st, gewi**nn**t, ho**ff**st	Ich bilde die **Grundform** und trenne das Wort. In der Grundform kann ich beim silbenweisen Sprechen den doppelten Mitlaut hören, z. B. ko**m-m**en.
Bli**ck**, tro**ck**en, Ka**tz**e, se**tz**en	Ich schreibe nach **kurz**gesprochenem Vokal **ck** oder **tz**, wenn nur ein hörbarer k- oder z-Laut folgt. Verdopplung **ck** (statt kk) und **tz** (statt zz).
Br**ie**f, l**ie**gen, n**ie**, h**ie**r, s**ie**ben	Ich schreibe das langgesprochene i mit **ie**. Das langgesprochene i wird meist mit ie geschrieben. Das gilt auch für die Wortendungen -ie, -ier, -ieren.
Kin**d**, gel**b**, Ta**g**, frü**h**	Ich **verlängere** das Wort. Bei einer Verlängerung und silbenweisem Mitsprechen kann ich die Mitlaute **b**, **d**, **g** und **h** am Wortende besser hören.
le**b**t, sa**g**st, ge**h**t, gedro**h**t	Ich bilde die **Grundform** und trenne das Wort. In der Grundform kann ich beim silbenweisen Mitsprechen das **b**, **g** oder **h** besser hören, z. B. lebst -> le-ben.
Han**d**tuch, We**gk**reuz, Gesun**dh**eit, le**bl**os	Ich trenne das Wort oder trenne die Nachsilbe ab, um **verlängern** zu können, z. B. Hand|tuch -> Hän-de, Gesund|heit -> ge-sün-der.
R**ä**tsel, kr**ä**ftig, Br**äu**ne, h**äu**fig	Ich suche ein **verwandtes Wort** mit **a** oder **au**. Nur wenn es ein verwandtes Wort mit a oder au gibt, wird **ä** oder **äu** geschrieben. Wenn es kein verwandtes Wort mit a oder au gibt, schreibe ich e oder eu.
Heiz**ung**, heiz**bar**, Krank**heit**, Zeit**ung**, ruh**ig**, lang**sam**	Ich beachte die **Nachsilbe**. Bei den Nachsilben -heit, -keit, -nis, -schaft, -ung -> **Großschreibung** Bei den Nachsilben -ig, -lich, -isch, -bar, -haft, -los, -sam -> **Kleinschreibung**
das/beim/sein **S**pielen das **N**eue, ein **L**achen lautes **L**achen am/beim/zum **A**rbeiten sein **B**estes, unser **H**andeln etwas **G**utes, nichts **B**öses **B**aden, **Z**elten verboten	Ich beachte das **Signalwort**, das ein folgendes Wort zum **Nomen** macht. Es gibt verschiedene Arten von Signalwörtern. Das Signalwort ist ein **Artikel**: **das** Besondere, **da**s Für und Wider. Das Signalwort ist ein **Adjektiv**: **kurzes** Überlegen, ein **schnelles** Rennen. Das Signalwort ist eine **Präposition** (oft mit verstecktem Artikel: beim = bei dem). Das Signalwort ist ein **Pronomen**: **ihr** Kommen und **sein** Gehen. Das Signalwort ist ein **unbestimmtes Zahlwort**: **wenig** Neues, **alles** Gute. Das Signalwort ist ein **dazugedachter Artikel**: (Das) Baden und (das) Zelten.
Verkauf, **v**erlassen **V**orfahrt, **v**erstellen	Ich schreibe die **Vorsilbe ver-** oder **vor-** immer mit **Vv**.
Süß**stoff**, glas**klar**, tags**über**, Bilder**buch**, kilometer**lang**	Ich beachte bei einem zusammengesetzten Wort das **Grundwort**, nach dem sich die Schreibweise richtet. Nur wenn das Grundwort ein Nomen ist, wird es großgeschrieben, sonst immer klein, z. B. Wortbaustein, nagelneu.
au**ss**ehen, en**tt**äuschen, Moto**rr**ad, Les**ee**cke, Schi**fff**ahrt, T**eee**rnte	Ich beachte die **Nahtstelle**. Bei abgeleiteten oder zusammengesetzten Wörtern können zwei oder sogar drei gleiche Laute aufeinandertreffen, z. B. erraten, auffordern, vielleicht, Satzzeichen, Betttuch, Seeelefant.
Arbeit**s**zeit tag**e**lang, sonne**n**klar	Ich beachte den **Fugenbaustein** (meist ein „-s“). Die Fugenbausteine -s-, -e-, -en-, -es-, -n- verweisen auf **Zusammenschreibung**.

Merkwörterliste

Die fettgedruckten Wörter sind die wichtigsten. Markiere auch andere, die du schon kannst.

❶ Wörter mit Dehnungs-h
- ah/äh: *erzählen, fahren/Gefahr, wahr, während, zahlen/Zahl, zählen, Wahl/wählen, Jahr, Bahn, Zahn, Hahn, Mahl, zahm, kahl, Nahrung/nähren, mahlen, strahlen, Kahn, Fahne, Sahne, ahnen, ungefähr*
- eh: *Fehler, mehr, nehmen, sehr, Verkehr, zehn, dehnen, Ehre, lehren, Mehl, empfehlen, stehlen, Gewehr*
- oh/öh: *fröhlich, lohnen, ohne, wohl, wohnen, Höhle/hohl, Hohn, Ohr, Sohn, Kohle, gewöhnen, Bohne*
- uh/üh: *fühlen, führen, kühl, Stuhl, Uhr, Bühne, Huhn, kühn, Mühle, Ruhm/berühmt, rühren, wühlen*

❷ Wörter mit doppeltem Vokal
- ee: *Kaffee, leer, Meer, Schnee, See, Tee, Beere, Beet, Fee, Heer, Klee, Seele, Teer*
- aa: *Haare, paar, Staat, Saat, Paar, Saal, Aal, Waage, waagrecht*
- oo: *Boot, Zoo, Moor, Moos, doof*

❸ Wörter mit ß
- aß/äß: *Maß, mäßig, Spaß, Straße, Gefäß, sie aßen, er vergaß, er saß, gemäß, Gesäß, er maß*
- ieß: *fließen, genießen, gießen, schließen, schießen, Grieß, schließlich, Spieß, sprießen, er stieß, er ließ*
- oß/öß: *bloß, groß/Größe, stoßen, Floß, Kloß, Soße*
- uß/üß: *Fuß, grüßen/Gruß, süß/süßen/Süße, büßen/Buße, Muße/müßig, Ruß/rußig/rußen*
- auß/äuß: *außen, außerdem, äußern, draußen, Strauß*
- eiß: *beißen, dreißig, fleißig/Fleiß, heiß, reißen, weiß, Schweiß, Geißel, Meißel, schmeißen, verschleißen*

❹ Wörter mit Vv
- Vv: *Vater, Vogel, Volk, viel, vielleicht, vier, vom, von, voll, November, Kurve, brav, Vieh*
- Ver-/ver-: *Verbrauch, vergessen, verlieren, Verkauf, verschicken, Versuch, verwandt, Verkehr, verbieten*
- Vor-/vor-: *vor, vordere, vorbei, Vorfahrt, Vorsicht, Vorteil, voraus, Voraussetzung, Vorschlag, vorkommen*

❺ Wörter mit x oder chs
- x: *boxen, extra, Hexe, Fax, mixen, Praxis, Taxi, Text, Lexikon, Luxus, Axt, Taxe, Textilien, fix, extrem, exakt, Experte, Existenz/existenziell, experimentieren, exzellent, Nixe, Pixel*
- chs: *Fuchs, höchstens, nächste(ns), sechs, wachsen/Gewächs, wechseln, Achse, Dachs, Ochse, Lachs*

❻ Wörter mit ä (kein verwandtes Wort mit a)
Bär, Gerät, Mädchen, März, prägen, schräg, spät, Käfer, Käfig, Märchen, Träne, Säge

❼ Wörter mit ai
Hai, Kaiser, Mai, Mais, Saite, Laib, Waise, Main, Rain; fair, Training, Mailbox, Airbag

❽ Fremdwörter
- Nach kurzem Vokal nur ein Mitlaut:
  Job, Krimi, Klub, Mob, Hotel, Roboter, Limit, Mini, Pop, Chip, fit, Jet, City, Clip
- Nach nicht kurzem Vokal folgt doppelter Mitlaut:
  Kaffee, passieren, Effekt, Buffet, Million, Allee, kontrollieren, interessieren, Konkurrenz, Kassette
- Nur i statt langem ie:
  Kilo, aktiv, Familie, Linie, Liter, Maschine, mobil, Pilot, Tiger, Zitrone, minus, Krise, Kino, Polizei, Risiko
  Langes i nur bei den Endungen -ie, -ier, -ieren: *Energie, Turnier, probieren, Regie, Klavier, reparieren*
- Wörter mit doppeltem Vokal:
  Idee, Boom, Gelee, Tournee, Armee, Moschee, Klischee, Chaussee, Pool, Cartoon
- Wörter mit Vv:
  Verb, Vitamin, Advent, nervös, Vokal, Ventil, Vase, Video, Virus, Volumen, vital, vage, variabel, vakant
- Wörter mit ä (Prä-/-än/-är/-ät):
  Präposition, präparieren, Kapitän, populär, Mobilität, Diät, Realität, Qualität, Aktivität, Affäre, familiär, primär
- Wörter mit y:
  System, Handy, Pony, Teddy, Hobby, Physik, Sympathie, Symbol, Lyrik, Typ, Tyrann, Analyse, Synthese
- Wörter mit ph, th, rh:
  Physik, Theater, Rheuma, Phänomen, Strophe, Atmosphäre, Thermometer, Theorie, Apotheke, Rhythmus

RS	Name:	Datum:

Mehrfachstrategien bei abgeleiteten und zusammengesetzten Wörtern

Diese Mehrfachstrategien können erst angewendet werden, wenn man die Strategien zu Denk- und Merkwörtern beherrscht.

❶ Aus welchen Bausteinen besteht das Wort?
❷ Welche Schwierigkeit(en) haben die einzelnen Bausteine?
❸ Ich schreibe jeden Baustein ganz aus und beachte dabei besonders die Nahtstelle(n).
❹ Erhalte ich durch Wortbausteine noch weitere Hinweise?

❶ Aus welchen Bausteinen besteht das Wort?

Ich zerlege mit senkrechten Strichen (Bleistift) oder gedanklich das Wort in seine Wortbausteine, z. B.
ver|biet|est, Ent|deck|ung, Flug|platz, Fuß|ball|tor|netz

❷ Welche Schwierigkeit(en) haben die einzelnen Wortbausteine?

Dabei beachte ich besonders den **Wortstamm**:
Gehört er zu einem Hör-, Denk- oder Merkwort?

[such] = Hörwort, [lieb] = Denkwort, [fehl] = Merkwort
Wenn ich einen Wortstamm kenne, kann ich auch die mit ihm verwandten Wörter richtig schreiben.

[such]: Suche, besuchen, Versuch
[lieb]: Liebe, verlieben, lieblich (ie)(ie)
[fehl]: fehlen, Fehler, Befehl, Fehltritt (h)(h)

Beachte bei den Vorsilben, z. B.
V^{er}_{or} = VS ver- und vor- immer mit „v“, VS ent- immer mit „t“.

❸ Ich spreche jeden Wortbaustein überdeutlich mit und schreibe ihn ganz aus. Dabei beachte ich besonders die Nahtstelle(n) von Bausteinen.

Schwierige Nahtstellen bei abgeleiteten oder zusammengesetzten Wörtern. Es können aufeinandertreffen:

- mehrere Mitlaute (Konsonantenhäufung), z. B.: e**ntspr**echen, e**rnsth**aft, I**mpfst**off,
- zwei ähnlich klingende Konsonanten, z. B. Han**dt**uch
- zwei gleiche Konsonanten oder Vokale, z. B.: ve**rr**aten, b**ee**nden, Ber**gg**ipfel,
- drei gleiche Konsonanten oder Vokale, z. B.: Schi**fff**ahrt (Schiff-Fahrt), T**eee**i (Tee-Ei)

❹ Erhalte ich durch Wortbausteine noch weitere Hinweise?

Die **Groß**- oder **Kleinschreibung** bei einem zusammengesetzten Wort richtet sich nach dem **Grundwort** (Gw).

- Gw = Nomen ➪ Großschreibung, z. B.:
Haustür, **S**chnellzug, **H**ochhaus, **T**iefbau, **S**chöngeist
- Gw = Adjektiv ➪ Kleinschreibung, z. B.:
hitzefrei, **e**iskalt, **m**esserscharf, **h**autnah, **l**ammfromm

Nachsilben zeigen die G**roß-** oder **Kleinschreibung** an.

- **Großschreibung**, z. B. bei -heit, -keit, -nis, -ung
Bsp.: **G**esundheit, **H**eiterkeit, **E**rlebnis, **Ü**bung
- **Kleinschreibung**, z. B. bei -ig, -lich, -isch, -los, -haft
Bsp.: **e**ifrig, **e**ndlich, **l**aunisch, **r**atlos, **f**abelhaft

Fugenbausteine (s, e, en, es, n) verweisen auf eine Zusammenschreibung, z. B. Arbeit**s**platz, tag**s**über, Bad**e**hose, Sonne**n**brand, mensch**en**leer, Meer**es**tiefe

Mehrfachstrategien bei abgeleiteten und zusammengesetzten Wörtern

Fülle nach dem gegebenen Muster die Tabelle aus.

① Wort und Wortbausteine	② Schwierigkeit einzelner Wortbausteine	③ Nahstelle markieren	④ Weitere Hinweise
Süßstoff	süß: Vß → üß Stoff: VdM → off	Sü**ßs**toff	Gw = Nomen → Großschr.
auffällig	fällig: VdM → äll (ä)(a) von Fall → ä ☐→ fälliger → g	au**ff**ällig	Abgeleitetes Wort mit NS -ig → Kleinschr.
Überrundung			
ausspielen			
annehmbar			
Brennnessel			
Wandteller			
diensttauglich			
betriebsbereit			

Mehrfachstrategien bei abgeleiteten und zusammengesetzten Wörtern

Fülle nach dem gegebenen Muster die Tabelle aus.

① Wort und Wortbausteine	② Schwierigkeit einzelner Wortbausteine	③ Nahstelle markieren	④ Weitere Hinweise
Süßstoff	süß: Vß → üß Stoff: VdM → off	Sü**ßs**toff	Gw = Nomen → Großschr.
auffällig	fällig: VdM → äll (ä)(a) von Fall → ä ☐→ fälliger → g	au**ff**ällig	Abgeleitetes Wort mit NS -ig → Kleinschr.
Überrundung	rund: ☐→ runder → d	Übe**rr**undung	NS -ung → Großschr.
ausspielen	Spiel: i → ie → ie	au**ss**pielen	
annehmbar	nehm: Vh → eh	a**nn**ehmbar	NS -bar → Kleinschr.
Brennnessel	Brenn: VdM → enn Nessel: VdM → ess	Bre**nnn**essel	Gw = Nomen → Großschr.
Wandteller	Wand: ☐→ Wände → d Teller: VdM → ell	Wan**dt**eller	Gw = Nomen → Großschr.
diensttauglich	Dienst: i → ie → ie taug: ☐→ taugen → g	dien**stt**auglich	NS -lich → Kleinschr.
betriebsbereit	Betrieb: i → ie ☐→ Betriebe	betrieb**s**bereit	-s- verweist auf Zusammen- schreibung

RS	Name: ______________________	Datum: ______________	

❶ Diktat

Arbeiten rund um die Uhr

An Schulen g___bt es keine ___achtschicht / und auch das Wochenende ist in der ___egel frei. / Sp___ter im Beruf kann sich das ___ndern. / In ___ielen Bereichen / mu___ man rund um die Uhr t___tig sein. / So sind Pa____nten im Krankenhaus /___ag und ___acht auf ___flege angew___sen. / Ma___ sieht es als selb___verständlich an, / da___ am Wochenende / Strom in der Leitung ist. / Ele___trische Ger___te funk___onieren nur, / wenn im Elektri___tätswerk gearbeitet wird.

(73 Wörter)

Setze jeweils in die Lücken ein, was fehlt.

Schlage in Zweifelsfällen im Wörterbuch nach. Du hast zur Verbesserung fünf Minuten Zeit. (10 P.)

❷ Übungsschwerpunkte

① ä oder e? Ich schreibe ä bei einem verwandten Wort mit a, z. B. quälen - Qual. Finde im Text drei Wörter, auf die diese Strategie zutrifft. Schreibe beide Wörter. (3 P.)

______________ ______________ ______________

______________ ______________ ______________

② Es gibt auch ä-Merkwörter, die kein verwandtes Wort mit a haben, z. B. März. Findest du im Text die drei Wörter? (3 P.)

______________ ______________ ______________

③ Bei welchen Wörtern muss man erst die Grundform bilden, um die weichen Mitlaute b, d, g oder h besser hören zu können. Schreibe jeweils beide Wörter. (2 P.)

______________________ ______________________

④ Suche die vier zusammengesetzten Wörter mit Nomen als Grundwort heraus. (4 P.)

______________________ ______________________

______________________ ______________________

❸ Mit welcher Lösungsstrategie kannst du am besten die Rechtschreibung an der gekennzeichneten Stelle überprüfen? Beim letzten Wort musst du zwei Strategien suchen. Kreuze an. (4 P.)

rea**gie**ren
- O Ich verlängere das Wort.
- O Ich schreibe das lange „i“ meist mit „ie“.
- O Ich suche ein verwandtes Wort.
- O Ich beachte die Nahtstelle.

ke**nn**en
- O Ich beachte das Signalwort.
- O Ich verlängere das Wort.
- O Ich verdopple nach kurzem Vokal den Mitlaut.
- O Ich achte auf die Endung.

sie**h**t
- O Ich achte auf die Endung.
- O Ich überprüfe die Wortart.
- O Ich bilde die Grundform.
- O Ich steigere das Wort.

t**ä**ti**g**
- O Ich verlängere das Wort.
- O Ich überprüfe die Wortart.
- O Ich suche ein verwandtes Wort.
- O Ich achte auf den Vokal.

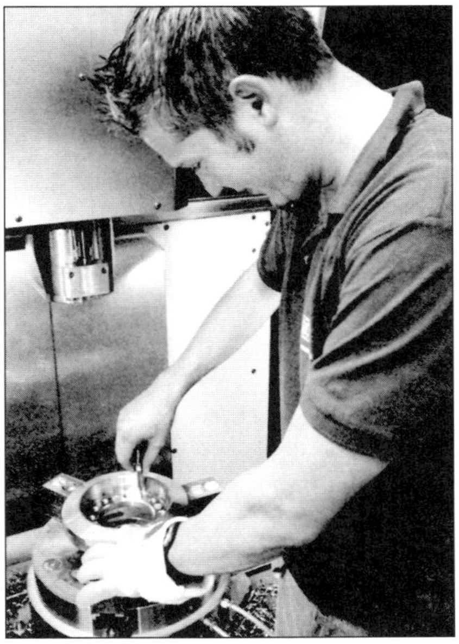

Lösung

❶ Diktat

Arbeiten rund um die Uhr

*An Schulen g__**i**__bt es keine __**N**__achtschicht / und auch das Wochenende ist in der __**R**__egel frei. / Sp__**ä**__ter im Beruf kann sich das __**ä**__ndern. / In __**v**__ielen Bereichen / mu__**ss**__ man rund um die Uhr t__**ä**__tig sein. / So sind Pa__**tie**__nten im Krankenhaus / __**T**__ag und __**N**__acht auf __**P**__flege angew__**ie**__sen. / Ma__**n**__ sieht es als selb__**st**__verständlich an, / da__**ss**__ am Wochenende / Strom in der Leitung ist. / Ele__**k**__trische Ger__**ä**__te funk__**ti**__onieren nur, / wenn im Elektri__**zi**__tätswerk gearbeitet wird.*

(73 Wörter)

Setze jeweils in die Lücken ein, was fehlt.

Schlage in Zweifelsfällen im Wörterbuch nach. Du hast zur Verbesserung fünf Minuten Zeit. (10 P.)

❷ Übungsschwerpunkte

① ä oder e? Ich schreibe ä bei einem verwandten Wort mit a, z. B. quälen - Qual. Finde im Text drei Wörter, auf die diese Strategie zutrifft. Schreibe beide Wörter. (3 P.)

ändern	**tätig**	**selbstverständlich**
anders	**Tat**	**Verstand**

② Es gibt auch ä-Merkwörter, die kein verwandtes Wort mit a haben, z. B. März. Findest du im Text die drei Wörter? (3 P.)

spät	**Gerät**	**Elektrizität**

③ Bei welchen Wörtern muss man erst die Grundform bilden, um die weichen Mitlaute b, d, g oder h besser hören zu können. Schreibe jeweils beide Wörter. (2 P.)

gibt - geben	**sieht - sehen**

④ Suche die vier zusammengesetzten Wörter mit Nomen als Grundwort heraus. (4 P.)

Nachtschicht	**Wochenende**
Krankenhaus	**Elektrizitätswerk**

❸ Mit welcher Lösungsstrategie kannst du am besten die Rechtschreibung an der gekennzeichneten Stelle überprüfen? Beim letzten Wort musst du zwei Strategien suchen. Kreuze an. (4 P.)

reag**ie**ren
- O Ich verlängere das Wort.
- ⊗ Ich schreibe das lange „i“ meist mit „ie“.
- O Ich suche ein verwandtes Wort.
- O Ich beachte die Nahtstelle.

ke**nn**en
- O Ich beachte das Signalwort.
- O Ich verlängere das Wort.
- ⊗ Ich verdopple nach kurzem Vokal den Mitlaut.
- O Ich achte auf die Endung.

sie**h**t
- O Ich achte auf die Endung.
- O Ich überprüfe die Wortart.
- ⊗ Ich bilde die Grundform.
- O Ich steigere das Wort.

tä**t**ig
- ⊗ Ich verlängere das Wort.
- O Ich überprüfe die Wortart.
- ⊗ Ich suche ein verwandtes Wort.
- O Ich achte auf den Vokal.

RS	Name: ____________________	Datum: ______________	

❹ Im folgenden Text sind acht Wörter falsch geschrieben. Streiche diese im Text durch und schreibe sie fehlerfrei in der Grundform auf. (8 P.)

Unsere Wünsche als Konsumänten erfordern Nacht- und Wochenendarbeit. Ausserdem sind moderne Industrianlagen so teuer, das sie ständig in betrieb sein sollten. Doch dürfen wir dabei den arbeitenden Menschen nicht vergeßen. Nachtarbeit ist nähmlich besonders anstrengend und wirkt sich auf Famielie und Freizeit aus.

______________ ______________ ______________ ______________

______________ ______________ ______________ ______________

❺ Setze im folgenden Text die acht fehlenden Satzzeichen ein. (4 P.)

Was würde geschehen wenn alle Berufstätigen gleichzeitig z. B. schon um 17 Uhr Feierabend hätten Geschäfte müssten um diese Zeit schließen öffentliche Verkehrsmittel könnten nicht mehr benutzt werden Gasthäuser Diskotheken würden erst gar nicht öffnen Und ohne Nachtarbeit in Druckereien käme die Morgenzeitung mit den neuesten Informationen erst nachmittags ins Haus

❻ Welche Fremdwörter aus den drei Kurztexten haben folgende Bedeutung? (4 P.)

- ______________ = Verbraucher
- ______________ = problemlos ablaufen
- ______________ = Nachrichten
- ______________ = Tanzlokale für Jugendliche

❼ Kreuze den Satz an, in dem alles richtig geschrieben ist. (2 P.)

O Elektrische Geräte fungtionieren nur, wenn im Elektrizitätswerk rund um die Uhr gearbeitet wird.
O Elektriche Geräte funktionieren nur, wenn im Elektrizitätswerk rund um die Uhr gearbeitet wird.
O Elektrische Geräte funktionieren nur, wenn im Elektrizitätswerk rund um die Uhr gearbeitet wird.
O Elektrische Geräte funktionieren nur, wenn im Elektrizitätwerk rund um die Uhr gearbeitet wird.

❽ Ein Wort passt nicht in die Reihe. Streiche es durch. Denke an den Übungsschwerpunkt ❷ ②. (2 P.)

- Nässe länger Städte Mädchen Väter hält wärmer
- häufig Häuser träumen läuft Säule gläubig Säure

❾ Finde den Anfangsbuchstaben. Welches Wort passt nicht in die Zeile? Streiche es durch. (2 P.)

- __achtarbeit __orgenzeitung __rankenhaus __ranklachen __ochenende
- __erufstätig __ellwach __reizeit __nochenhart __flegebedürftig

⓾ Suche die zwei Fehler, die sich in die Beschriftung der Grafiken eingeschlichen haben. Streiche die falsch geschriebenen Wörter durch und schreibe sie richtig darüber. (2 P.)

Matrial verarbeiten

bedienen und überwachen von Maschinen und Anlagen

zeichnen und reproduzieren

verwalten

zusammen bauen, montieren

Gesamtpunkte
50 P.

Lösung

❹ Im folgenden Text sind acht Wörter falsch geschrieben. Streiche diese im Text durch und schreibe sie fehlerfrei in der Grundform auf. (8 P.)

Unsere Wünsche als ~~Konsumänten~~ erfordern Nacht- und Wochenendarbeit. ~~Ausserdem~~ sind moderne ~~Industrianlagen~~ so teuer, ~~das~~ sie ständig in ~~betrieb~~ sein sollten. Doch dürfen wir dabei den arbeitenden Menschen nicht ~~vergeßen~~. Nachtarbeit ist ~~nähmlich~~ besonders anstrengend und wirkt sich auf ~~Famielie~~ und Freizeit aus.

Konsument	**außerdem**	**Industrieanlage**	**dass**
Betrieb	**vergessen**	**nämlich**	**Familie**

❺ Setze im folgenden Text die acht fehlenden Satzzeichen ein. (4 P.)

*Was würde geschehen **,** wenn alle Berufstätigen gleichzeitig **,** z. B. schon um 17 Uhr Feierabend hätten **.** Geschäfte müssten um diese Zeit schließen **,** öffentliche Verkehrsmittel könnten nicht mehr benutzt werden **.** Gasthäuser **,** Diskotheken würden erst gar nicht öffnen **.** Und ohne Nachtarbeit in Druckereien käme die Morgenzeitung mit den neuesten Informationen erst nachmittags ins Haus **.***

❻ Welche Fremdwörter aus den drei Kurztexten haben folgende Bedeutung? (4 P.)

- **Konsument** = Verbraucher
- **funktionieren** = problemlos ablaufen
- **Informationen** = Nachrichten
- **Diskotheken** = Tanzlokale für Jugendliche

❼ Kreuze den Satz an, in dem alles richtig geschrieben ist. (2 P.)

O Elektrische Geräte fungtionieren nur, wenn im Elektrizitätswerk rund um die Uhr gearbeitet wird.
O Elektriche Geräte funktionieren nur, wenn im Elektrizitätswerk rund um die Uhr gearbeitet wird.
⊗ Elektrische Geräte funktionieren nur, wenn im Elektrizitätswerk rund um die Uhr gearbeitet wird.
O Elektrische Geräte funktionieren nur, wenn im Elektrizitätwerk rund um die Uhr gearbeitet wird.

❽ Ein Wort passt nicht in die Reihe. Streiche es durch. Denke an den Übungsschwerpunkt ❷ ②. (2 P.)

- Nässe länger Städte ~~Mädchen~~ Väter hält wärmer
- häufig Häuser träumen läuft ~~Säule~~ gläubig Säure

❾ Finde den Anfangsbuchstaben. Welches Wort passt nicht in die Zeile? Streiche es durch. (2 P.)

- **N**achtarbeit **M**orgenzeitung **K**rankenhaus ~~**k** ranklachen~~ **W**ochenende
- **b**erufstätig **h**ellwach ~~**F** reizeit~~ **k**nochenhart **p**flegebedürftig

❿ Suche die zwei Fehler, die sich in die Beschriftung der Grafiken eingeschlichen haben. Streiche die falsch geschriebenen Wörter durch und schreibe sie richtig darüber. (2 P.)

Material
~~Matrial~~
verarbeiten

bedienen und überwachen von Maschinen und Anlagen

zeichnen und reproduzieren

verwalten

zusammenbauen
~~zusammen bauen~~,
montieren

Gesamtpunkte
50 P.

RS	Name: ______________________	Datum: ______________	

❶ Diktat

Urlaub im Weltraumhotel

Barfuß durch die Sahara? / Mit dem Schlauchboot über den Atlantik? / Das ist alles Schnee von gestern. / Das wahre Abenteuer beginnt in viel höheren Regionen, / nämlich 400 Kilometer über der Erde. / Diese Vision jedenfalls / hegt eine deutsche Reiseagentur. / Schon in 20 Jahren sollen Touristen / ins Weltall starten können. / Bei einer Veranstaltung, / an der etwa 100 Experten teilnahmen, / sagte der Geschäftsführer dieser Agentur, / dass die Konstruktionspläne für das erste Weltraumhotel / bis ins Detail schon erarbeitet seien, / die Industrie warte bloß noch auf den Startschuss. (85 Wörter)

Schreibe das Diktat auf deinen Block. Nach dem Diktieren kannst du in Zweifelsfällen im Wörterbuch nachschlagen. Dazu hast du fünf Minuten Zeit. Dann wird das Diktat eingesammelt. (10 P.)

❷ Übungsschwerpunkte

① Suche aus dem Diktat vier Wörter heraus, bei denen der Mitlaut verdoppelt ist. (2 P.)

____

② In drei Fällen, die im Text oben vorkommen, kannst du die Schreibung mit „ä" von einem verwandten Wort mit „a" ableiten. Finde sie heraus und schreibe die Ableitung dazu, z. B. Zähne-Zahn. (3 P.)

____

③ Bei welchen gebeugten Verben muss man erst die Grundform bilden, um die Schwierigkeit zu lösen? (3 P.)

____

④ Finde Merkwörter im Text, die folgende Schwierigkeit aufweisen? (4 P.)

- Dehnungs-h: __________ __________ __________ __________
- doppelter Vokal: __________________ __________________
- ß-Laut: __________________ __________________

❸ Mit welcher Lösungsstrategie kann man am besten die Rechtschreibung an der gekennzeichneten Stelle überprüfen? Kreuze an. (3 P.)

n**ä**mlich
- O Ich beachte die Nachsilbe.
- O Ich steigere das Wort.
- O Ich suche ein verwandtes Wort.
- O Ich beachte die Nahtstelle.

ho**ff**t
- O Ich achte auf die Endung.
- O Ich zerlege das Wort in seine Wortbausteine.
- O Ich suche ein verwandtes Wort.
- O Ich bilde die Grundform und spreche silbenweise mit.

jedenfalls
- O Ich erkenne am „s" am Wortende das Adverb in verkürzter Form.
- O Ich zerlege das Wort in seine Wortbausteine.
- O Ich beachte das Signalwort.
- O Ich bilde die Grundform.

Lösung

❶ Diktat

Urlaub im Weltraumhotel

***Barfuß** durch die **Sahara**? / Mit dem Schlauchb**oo**t über den **Atlantik**? / Das ist alles Schnee von **g**estern. / Das wa**h**re **Abenteuer** beginnt in viel hö**h**eren Regionen, / n**äm**lich 400 Kilometer über der Erde. / Diese **Vision** jedenfalls / he**g**t eine **d**eutsche Reise**agentur**. / Schon in 20 Jahren sollen **Touriste**n / ins Weltall starten können. / Bei einer Verans**t**altung, / an der etwa 100 **Experten** teilnahmen, / sagte der Geschäftsführer dieser Agentur, / da**ss** die Konstruktionspläne für das erste Weltraumhotel / bis ins **Detail** schon erarbeitet seien, / die Industr**ie** warte **bloß** noch auf den Startschu**ss**.* (85 Wörter)

Schreibe das Diktat auf deinen Block. Nach dem Diktieren kannst du in Zweifelsfällen im Wörterbuch nachschlagen. Dazu hast du fünf Minuten Zeit. Dann wird das Diktat eingesammelt. (10 P.)

❷ Übungsschwerpunkte

① Suche aus dem Diktat vier Wörter heraus, bei denen der Mitlaut verdoppelt ist. (2 P.)

beginnt, jedenfalls, Weltall, Startschuss

② In drei Fällen, die im Text oben vorkommen, kannst du die Schreibung mit „ä" von einem verwandten Wort mit „a" ableiten. Finde sie heraus und schreibe die Ableitung dazu, z. B. Zähne-Zahn. (3 P.)

nämlich - Name; Geschäfte - schaffen; Pläne - Plan

③ Bei welchen gebeugten Verben muss man erst die Grundform bilden, um die Schwierigkeit zu lösen? (3 P.)

beginnt - beginnen; hegt - hegen; sagte - sagen

④ Finde Merkwörter im Text, die folgende Schwierigkeit aufweisen? (4 P.)

• Dehnungs-h:	**wahre**	**Führer**	**Jahr**	**teilnahmen**
• doppelter Vokal:	**Boot**		**Schnee**	
• ß-Laut:	**barfuß**		**bloß**	

❸ Mit welcher Lösungsstrategie kann man am besten die Rechtschreibung an der gekennzeichneten Stelle überprüfen? Kreuze an. (3 P.)

n**ä**mlich
- O Ich beachte die Nachsilbe.
- O Ich steigere das Wort.
- ⊗ Ich suche ein verwandtes Wort.
- O Ich beachte die Nahtstelle.

ho**ff**t
- O Ich achte auf die Endung.
- O Ich zerlege das Wort in seine Wortbausteine.
- O Ich suche ein verwandtes Wort.
- ⊗ Ich bilde die Grundform und spreche silbenweise mit.

jedenfall**s**
- ⊗ Ich erkenne am „s" am Wortende das Adverb in verkürzter Form.
- O Ich zerlege das Wort in seine Wortbausteine.
- O Ich beachte das Signalwort.
- O Ich bilde die Grundform.

RS	Name: ______________________	Datum: ________________	

❹ Im folgenden Text sind acht Wörter falsch geschrieben. Streiche diese im Text durch und schreibe sie fehlerfrei auf. (8 P.)

Die Technik ist also kein Problem. Die Reiseveranstallter wollen heraus gefunden haben, das etwa 100 000 Menschen nur darauf warten, entlich am Schalter eines Weltraumflughafens einzuschecken. Wenn die ersten Pauschalreisenden ins All starten, wird das Geschäft boumen. Die Analysen der Marcktforscher gehen von einem Potenzial von rund 20 Millionen Weltraumturisten aus.

________________ ________________ ________________ ________________

________________ ________________ ________________ ________________

❺ Setze im folgenden Text die sechs fehlenden Satzzeichen ein. (3 P.)

Der Preis für ein paar Tage Ferien in der Erdumlaufbahn so um das Jahr 2025 dürfte bei 50 000 Euro liegen Dafür wird aber einiges geboten z. B. ein Sportzentrum mit Tennisplätzen Basketballfeldern und Schwimmbädern

❻ Finde die passenden Fremdwörter mit Artikel aus den drei Kurztexten. (4 P.)

- ______________________________ = Geschäftsstelle
- ______________________________ = Urlauber, Wanderer
- ______________________________ = Fachmann, Sachverständiger
- ______________________________ = Einzelheit
- ______________________________ = Gebiete
- ______________________________ = Trugbild, Erscheinung vor dem geistigen Auge
- ______________________________ = Leistungsfähigkeit, Leistungsvermögen
- ______________________________ = Zergliederungen, Untersuchungen

❼ Streiche in jeder Reihe die falsch geschriebenen Fremdwörter durch. (3 P.)

- Expedition - Echspedition - expedition - Expedizion
- Industriealisierung - Industrialisirung - Industriallisierung - Industrialisierung
- Maschinenreperatur - Maschienenreparatur - maschinenreperatur - Maschinenreparatur

❽ Nur ein Satz ist richtig geschrieben. Kreuze ihn an. (2 P.)

O Schon in 20 Jahren wird man einen Trip in höhere Sfären starten können.

O Schon in 20 Jahren wird man einen Tripp in höhere Sphären starten können.

O Schon in 20 Jahren wird man einen Trip in höhere Sphären startenkönnen.

O Schon in 20 Jahren wird man einen Trip in höhere Sphären starten können.

❾ Das Adverb „jedenfalls“ ist die verkürzte Form der Wortgruppe „in jedem Fall“. Finde auch von den folgenden Wortgruppen das Adverb. (4 P.)

- in keinem Fall ________________
- auf keinem Weg ________________
- im anderen Fall ________________
- mehrere Male ________________

❿ Wortfamilie „nehmen“: Suche acht verwandte Wörter, die auch ein Dehnungs-h besitzen. (4 P.)

____

____

Gesamtpunkte

53 P.

Lösung

❹ Im folgenden Text sind acht Wörter falsch geschrieben. Streiche diese im Text durch und schreibe sie fehlerfrei auf. (8 P.)

Die Technik ist also kein Problem. Die ~~Reiseveranstallter~~ wollen ~~heraus gefunden~~ haben, ~~das~~ etwa 100 000 Menschen nur darauf warten, ~~entlich~~ am Schalter eines Weltraumflughafens ~~einzusche-cken~~. Wenn die ersten Pauschalreisenden ins All starten, wird das Geschäft ~~boumen~~. Die Analysen der ~~Marcktforscher~~ gehen von einem Potenzial von rund 20 Millionen ~~Weltraumturisten~~ aus.

Reiseveranstalter | **herausgefunden** | **dass** | **endlich**
einzuchecken | **boomen** | **Marktforscher** | **Weltraumtouristen**

❺ Setze im folgenden Text die sechs fehlenden Satzzeichen ein. (3 P.)

*Der Preis für ein paar Tage Ferien in der Erdumlaufbahn **,** so um das Jahr 2025 **,** dürfte bei 50 000 Euro liegen **.** Dafür wird aber einiges geboten **,** z. B. ein Sportzentrum mit Tennisplätzen **,** Basketballfeldern und Schwimmbädern **.***

❻ Finde die passenden Fremdwörter mit Artikel aus den drei Kurztexten. (4 P.)

- **die Agentur** = Geschäftsstelle
- **der Tourist** = Urlauber, Wanderer
- **der Experte** = Fachmann, Sachverständiger
- **das Detail** = Einzelheit
- **die Regionen** = Gebiete
- **die Vision** = Trugbild, Erscheinung vor dem geistigen Auge
- **das Potenzial (das Potential)** = Leistungsfähigkeit, Leistungsvermögen
- **die Analysen** = Zergliederungen, Untersuchungen

❼ Streiche in jeder Reihe die falsch geschriebenen Fremdwörter durch. (3 P.)

- Expedition - ~~Echspedition~~ - ~~expedition~~ - ~~Expedizion~~
- ~~Industriealisierung~~ - ~~Industrialisirung~~ - ~~Industriallisierung~~ - Industrialisierung
- ~~Maschinenreperatur~~ - ~~Maschienenreparatur~~ - ~~maschinenreperatur~~ - Maschinenreparatur

❽ Nur ein Satz ist richtig geschrieben. Kreuze ihn an. (2 P.)

O Schon in 20 Jahren wird man einen Trip in höhere Sfären starten können.
O Schon in 20 Jahren wird man einen Tripp in höhere Sphären starten können.
O Schon in 20 Jahren wird man einen Trip in höhere Sphären startenkönnen.
⊗ Schon in 20 Jahren wird man einen Trip in höhere Sphären starten können.

❾ Das Adverb „jedenfalls“ ist die verkürzte Form der Wortgruppe „in jedem Fall“. Finde auch von den folgenden Wortgruppen das Adverb. (4 P.)

- in keinem Fall **keinesfalls**
- auf keinem Weg **keineswegs**
- im anderen Fall **andernfalls**
- mehrere Male **mehrmals**

❿ Wortfamilie „nehmen“: Suche acht verwandte Wörter, die auch ein Dehnungs-h besitzen. (4 P.)

abnehmen, Annahme, aufnehmen, einnehmen, Übernahme, teilnehmen, vornehm, Unternehmen

Gesamtpunkte
53 P.

RS	Name: ______________________	Datum: ______________	

❶ Diktat

Kinder ohne Zukunft

Millionen von Kindern in ______________ *kennen nur Hunger, / haben kein* ____________ */ und gehen nicht in die Schule. / Auf der Suche nach* ____________ *und* __________ */* ____________ *sie durch die* ____________*. / Kaum können sie laufen, /* ____________ *sie für sich selbst aufkommen. / Sie arbeiten als* __________________*, /* __________________*, Lumpensammler und* __________________*. / Nur so ist für* _________ *das nackte* ____________ *möglich. / Von den 23 Millionen Kindern / im* ________ *bis zu sechs Jahren / sind mehr als die* _________ __________________*. / Nur ein* ___________ *aller kleinen Brasilianer / hat das erforderliche Normalgewicht.* (85 Wörter)

Setze jeweils in die Lücken ein, was fehlt.

Schlage in Zweifelsfällen im Wörterbuch nach. Du hast zur Verbesserung drei Minuten Zeit. (8 P.)

❷ Übungsschwerpunkte

① Suche aus dem Diktattext oben vier Wörter heraus, bei denen der Mitlaut verdoppelt ist. (2 P.)

____

② „ck“ und „tz“ sind Sonderformen der Verdoppelung. Suche auch hier die vier Wörter. (2 P.)

____

③ Wörter mit „ä“ oder „äu“ haben ein verwandtes Wort mit „a“ oder „au“. Finde vier Wörter aus dem Text oben heraus und schreibe das verwandte Wort dazu. (4 P.)

____

____

④ Zwei Wörter werden durch Signalwörter zum Nomen. Schreibe jeweils Signalwort und Nomen. (2 P.)

____

❸ Mit welcher Lösungsstrategie kann man am besten die Rechtschreibung an der gekennzeichneten Stelle überprüfen? Kreuze an. (3 P.)

str**eu**nen
- O Ich bilde die Grundform.
- O Ich verlängere das Wort.
- O Ich finde kein verwandtes Wort mit „au“; deshalb „eu“.
- O Ich beachte die Endung.

erke**nn**bar
- O Ich beachte das Signalwort.
- O Ich trenne die Nachsilbe ab und bilde die Grundform.
- O Ich steigere das Wort.
- O Ich achte auf die Endung.

Schu**tz**
- O Ich verlängere das Wort.
- O Ich beachte die Endung.
- O Ich bilde die Grundform.
- O Ich weiß, dass nach kurzem Vokal „tz“ steht.

Bei diesem Wort sind zur Überprüfung drei Strategien möglich. (1,5 P.)

Elen**d**s**vie**rtel
- O Ich trenne das Wort, um verlängern zu können.
- O Ich beachte den Fugenbaustein „s“, der auf die Zusammenschreibung verweist.
- O Ich suche ein verwandtes Wort.
- O Ich bilde die Grundform.
- O Ich dehne das lange „i“; deshalb „ie“.

Favelas in Rio de Janeiro

Lösung

❶ Diktat

Kinder ohne Zukunft

Millionen von Kindern in ***Brasilien*** *kennen nur Hunger, / haben kein* ***Zuhause*** */ und gehen nicht in die Schule. / Auf der Suche nach* ***Nahrung*** *und* ***Schutz*** */* ***streunen*** *sie durch die* ***Städte*** *. / Kaum können sie laufen, /* ***müssen*** *sie für sich selbst aufkommen. / Sie arbeiten als* ***Schuhputzer*** *, /* ***Parkwächter*** *, Lumpensammler und* ***Limonadenverkäufer*** *. / Nur so ist für* ***viele*** *das nackte* ***Überleben*** *möglich. / Von den 23 Millionen Kindern / im* ***Alter*** *bis zu sechs Jahren / sind mehr als die* ***Hälfte*** ***unterentwickelt*** *. / Nur ein* ***Drittel*** *aller kleinen Brasilianer / hat das erforderliche Normalgewicht.* (85 Wörter)

Setze jeweils in die Lücken ein, was fehlt.

Schlage in Zweifelsfällen im Wörterbuch nach. Du hast zur Verbesserung drei Minuten Zeit. (8 P.)

❷ Übungsschwerpunkte

① Suche aus dem Diktattext oben vier Wörter heraus, bei denen der Mitlaut verdoppelt ist. (2 P.)

kennen, aufkommen, Sammler, Drittel

② „ck“ und „tz“ sind Sonderformen der Verdoppelung. Suche auch hier die vier Wörter. (2 P.)

Schutz, Schuhputzer, unterentwickelt, nackt

③ Wörter mit „ä“ oder „äu“ haben ein verwandtes Wort mit „a“ oder „au“. Finde vier Wörter aus dem Text oben heraus und schreibe das verwandte Wort dazu. (4 P.)

Städte - Stadt; Parkwächter - wachen; Hälfte - halb; Verkäufer - verkaufen)

④ Zwei Wörter werden durch Signalwörter zum Nomen. Schreibe jeweils Signalwort und Nomen. (2 P.)

das nackte Überleben; ein Drittel

❸ Mit welcher Lösungsstrategie kann man am besten die Rechtschreibung an der gekennzeichneten Stelle überprüfen? Kreuze an. (3 P.)

str**eu**nen
- O Ich bilde die Grundform.
- O Ich verlängere das Wort.
- ⊗ Ich finde kein verwandtes Wort mit „au“; deshalb „eu“.
- O Ich beachte die Endung.

erke**nn**bar
- O Ich beachte das Signalwort.
- ⊗ Ich trenne die Nachsilbe ab und bilde die Grundform.
- O Ich steigere das Wort.
- O Ich achte auf die Endung.

Schu**tz**
- O Ich verlängere das Wort.
- O Ich beachte die Endung.
- O Ich bilde die Grundform.
- ⊗ Ich weiß, dass nach kurzem Vokal „tz“ steht.

Bei diesem Wort sind zur Überprüfung drei Strategien möglich. (1,5 P.)

Elen**ds**v**ie**rtel
- ⊗ Ich trenne das Wort, um verlängern zu können.
- ⊗ Ich beachte den Fugenbaustein „s“, der auf die Zusammenschreibung verweist.
- O Ich suche ein verwandtes Wort.
- O Ich bilde die Grundform.
- ⊗ Ich dehne das lange „i“; deshalb „ie“.

Favelas in Rio de Janeiro

RS Name: ______________________ | Datum: ______________

❹ Im folgenden Text sind acht Wörter falsch geschrieben. Streiche diese im Text durch und schreibe sie fehlerfrei auf. (8 P.)

Ob wohl in den lezten Jahren ein wirtschaftlicher aufschwung erkennbar war, leiden die Kinder weiter an Unterernährung und Krankheiten. Zwischen zeitlich klettert die Inflationsrate unaufhaltsam in die höhe, mit der folge, das die armen immer ärmer werden.

____________________ ____________________

____________________ ____________________

____________________ ____________________

____________________ ____________________

❺ Setze im Text unten die acht fehlenden Satzzeichen ein. (4 P.)

In ihrer Clique fühlen sie sich wohl Hier sitzen spielen essen und schlafen sie planen und verüben Diebstähle Werden sie von der Polizei aufgegriffen nennen sie eine beliebige Adresse in den Favelas wo vielleicht einmal Vater und Mutter gelebt haben

❻ Nur ein Satz ist richtig geschrieben. Kreuze ihn an. (2 P.)

O Wenn sie von der Polizei gefaßt werden, nennen sie irgendeine Adresse in den Elendsvierteln.

O Wenn sie von der Polizei gefasst werden, nennen sie irgend eine Adresse in den Elendsvierteln.

O Wenn sie von der Polizei gefasst werden, nennen sie irgendeine Adresse in den Elendvierteln.

O Wenn sie von der Polizei gefasst werden, nennen sie irgendeine Adresse in den Elendsvierteln.

❼ Streiche in jeder Zeile durch, was falsch ist und gerate dabei nicht aus dem Häuschen. (4 P.)

- Haustier - hausen - das Zuhause - zu hause sein - häuslich - zu Hause sein
- Hausmeister - hausieren - Hochhaus - hausfraulich - Haushoch - Haustür
- hauswirtschaftlich - Hausegen - Häuschen - Hausfrau - Behausung
- Hausmann - Haushaltsplan - nach hause gehen - das Zuhausesein - nachhause gehen

❽ Setze in die Tabelle ein, was fehlt. (7 P.)

Infinitiv	Gegenwart	1. Vergangenheit	2. Vergangenheit	Nomen dazu
kennen	du ________	er ________	er hat gekannt	die Kenntnis
können	du kannst	er ________	er hat gekonnt	________
nehmen	du ________	er nahm	er ________	das Nehmen
beginnen	du beginnst	er ________	er ________	der Beginn
fliegen	du ________	er flog	er ist geflogen	________
schießen	du schießst	er schoss	er ________	________
halten	du ________	er ________	er hat gehalten	der Halt

❾ Ergänze unten die fehlenden Steigerungsstufen. (2,5 P.)

- gut - ____________ - am besten
- heiß - heißer - ____________
- ________ - höher - am höchsten
- warm - ____________ - am wärmsten
- nah - näher - ____________

Gesamtpunkte: 50 P.

Lösung

❹ Im folgenden Text sind acht Wörter falsch geschrieben. Streiche diese im Text durch und schreibe sie fehlerfrei auf. (8 P.)

~~Ob wohl~~ in den ~~lezten~~ Jahren ein wirtschaftlicher ~~aufschwung~~ erkennbar war, leiden die Kinder weiter an Unterernährung und Krankheiten. ~~Zwischen zeitlich~~ klettert die Inflationsrate unaufhaltsam in die ~~höhe~~, mit der ~~folge~~, ~~das~~ die ~~armen~~ immer ärmer werden.

obwohl	**letzten**
Aufschwung	**zwischenzeitlich**
Höhe	**Folge**
dass	**Armen**

❺ Setze im Text unten die acht fehlenden Satzzeichen ein. (4 P.)

*In ihrer Clique fühlen sie sich wohl **.** Hier sitzen **,** spielen **,** essen und schlafen sie **,** planen und verüben Diebstähle **.** Werden sie von der Polizei aufgegriffen **,** nennen sie eine beliebige Adresse in den Favelas **,** wo vielleicht einmal Vater und Mutter gelebt haben **.***

❻ Nur ein Satz ist richtig geschrieben. Kreuze ihn an. (2 P.)

O Wenn sie von der Polizei gefaßt werden, nennen sie irgendeine Adresse in den Elendsvierteln.
O Wenn sie von der Polizei gefasst werden, nennen sie irgend eine Adresse in den Elendsvierteln.
O Wenn sie von der Polizei gefasst werden, nennen Sie irgendeine Adresse in den Elendvierteln.
⊗ Wenn sie von der Polizei gefasst werden, nennen sie irgendeine Adresse in den Elendsvierteln.

❼ Streiche in jeder Zeile durch, was falsch ist und gerate dabei nicht aus dem Häuschen. (4 P.)

- Haustier - hausen - das Zuhause - ~~zu hause sein~~ - häuslich - zu Hause sein
- Hausmeister - hausieren - Hochhaus - hausfraulich - ~~Haushoch~~ - Haustür
- hauswirtschaftlich - ~~Hausegen~~ - Häuschen - Hausfrau - Behausung
- Hausmann - Haushaltsplan - ~~nach hause gehen~~ - das Zuhausesein - nachhause gehen

❽ Setze in die Tabelle ein, was fehlt. (7 P.)

Infinitiv	Gegenwart	1. Vergangenheit	2. Vergangenheit	Nomen dazu
kennen	du **kennst**	er **kannte**	er hat gekannt	die Kenntnis
können	du kannst	er **konnte**	er hat gekonnt	**das Können**
nehmen	du **nimmst**	er nahm	er **hat genommen**	das Nehmen
beginnen	du beginnst	er **begann**	er **hat begonnen**	der Beginn
fliegen	du **fliegst**	er flog	er ist geflogen	**der Flug**
schießen	du schießst	er schoss	er **hat geschossen**	**der Schuss**
halten	du **hältst**	er **hielt**	er hat gehalten	der Halt

❾ Ergänze unten die fehlenden Steigerungsstufen. (2,5 P.)

- gut - **besser** - am besten
- heiß - heißer - **am heißesten**
- **hoch** - höher - am höchsten
- warm - **wärmer** - am wärmsten
- nah - näher - **am nächsten**

Gesamtpunkte:
50 P.

RS Name: ______________________ Datum: ______________

❶ Diktat

Jugendliche in der Schuldenfalle

Durch l___ngere ___elefonate, / Kurzmitteilungen und teure Klingeltöne / ist das mob___le ___elefonieren / schon jetzt eine kostsp___lige Angelegenheit. / Bis zu 300 Euro g___bt Markus / jeden Monat für sein Hand___ aus. / Dabei ist der Auszubildende / noch der ___parsamste unter seinen Freunden. / Andere la___en sich dieses ___ergnügen deutlich mehr kosten. / Denn mit der neuen Hand____eneration / können nun auch durch das ___erschi___en von Fotos / zus___tzliche ___osten ver____sacht werden. / So führt die ___ob___le Ko____unikation / für ___iele in die Schuldenfalle.

(76 Wörter)

Setze jeweils in die Lücken ein, was fehlt.

Schlage in Zweifelsfällen im Wörterbuch nach. Du hast zur Verbesserung drei Minuten Zeit. (10 P.)

❷ Übungsschwerpunkte

① Welche zusammengesetzten Wörter werden aufgrund des Grundwortes großgeschrieben? (2 P.)

____

② Welche Wörter werden aufgrund ihrer Nachsilbe kleingeschrieben? (2 P.)

____

③ Bei welchem Verb und bei welchem Adjektiv schreibe ich das lange „i" mit „ie"? (1 P.)

____

④ Welche Wörter werden durch Signalwörter zu Nomen. Schreibe jeweils Signalwort und Nomen. (5 P.)

____

____

❸ Mit welcher Lösungsstrategie kann man am besten die Rechtschreibung an der gekennzeichneten Stelle überprüfen? Kreuze an. (3 P.)

Kurzmi**tt**eilung
- O Ich beachte die Nachsilbe.
- O Ich verlängere das Wort.
- O Ich beachte die Nahtstelle.
- O Ich überprüfe die Wortart.

das mobile **T**elefonieren
- O Ich beachte das Signalwort.
- O Ich schreibe das langgesprochene **i** mit ie.
- O Ich suche ein verwandtes Wort.
- O Ich verlängere das Wort.

gi**b**t
- O Ich überprüfe die Wortart.
- O Ich beachte die Endung.
- O Ich beachte das Signalwort.
- O Ich bilde die Grundform.

Bei diesem Wort treffen drei Strategien zu. Kreuze richtig an (1,5 P.)

zus**ätz**lich
- O Ich beachte das Signalwort.
- O Ich beachte die Nachsilbe.
- O Ich suche nach einem verwandten Wort mit „a".
- O Ich bilde die Grundform.
- O Nach kurzgesprochenem Vokal schreibe ich „tz" (statt „zz").
- O Ich beachte den Fugenbaustein.

Lösung

❶ Diktat

Jugendliche in der Schuldenfalle

Durch l_ä_ngere _T_elefonate, / Kurzmitteilungen und teure Klingeltöne / ist das mob_i_le _T_elefonieren / schon jetzt eine kostsp_ie_lige Angelegenheit. / Bis zu 300 Euro g_i_bt Markus / jeden Monat für sein Hand_y_ aus. / Dabei ist der Auszubildende / noch der _S_parsamste unter seinen Freunden. / Andere la_ss_en sich dieses _V_ergnügen deutlich mehr kosten. / Denn mit der neuen Hand_yg_eneration / können nun auch durch das _V_erschi_ck_en von Fotos / zus_ä_tzliche _K_osten ver_ur_sacht werden. / So führt die _m_ob_i_le Ko_mm_unikation / für _v_iele in die Schuldenfalle.

(76 Wörter)

Setze jeweils in die Lücken ein, was fehlt.

Schlage in Zweifelsfällen im Wörterbuch nach. Du hast zur Verbesserung drei Minuten Zeit. (10 P.)

❷ Übungsschwerpunkte

① Welche zusammengesetzten Wörter werden aufgrund des Grundwortes großgeschrieben? (2 P.)

Schuldenfalle, Klingeltöne, Kurzmitteilungen, Handygeneration

② Welche Wörter werden aufgrund ihrer Nachsilbe kleingeschrieben? (2 P.)

häufig, kostspielig, deutlich, zusätzlich

③ Bei welchem Verb und bei welchem Adjektiv schreibe ich das lange „i" mit „ie"? (1 P.)

telefonieren, kostspielig

④ Welche Wörter werden durch Signalwörter zu Nomen. Schreibe jeweils Signalwort und Nomen. (5 P.)

das mobile Telefonieren, der Auszubildende, der Sparsamste, dieses Vergnügen, das Verschicken

❸ Mit welcher Lösungsstrategie kann man am besten die Rechtschreibung an der gekennzeichneten Stelle überprüfen? Kreuze an. (3 P.)

Kurzmi**tt**eilung
- O Ich beachte die Nachsilbe.
- O Ich verlängere das Wort.
- ☒ Ich beachte die Nahtstelle.
- O Ich überprüfe die Wortart.

das mobile **T**elefonieren
- ☒ Ich beachte das Signalwort.
- O Ich schreibe das langgesprochene **i** mit ie.
- O Ich suche ein verwandtes Wort.
- O Ich verlängere das Wort.

gi**b**t
- O Ich überprüfe die Wortart.
- O Ich beachte die Endung.
- O Ich beachte das Signalwort.
- ☒ Ich bilde die Grundform.

Bei diesem Wort treffen drei Strategien zu. Kreuze richtig an (1,5 P.)

zus**ätz**lich
- O Ich beachte das Signalwort.
- ☒ Ich beachte die Nachsilbe.
- ☒ Ich suche nach einem verwandten Wort mit „a".
- O Ich bilde die Grundform.
- ☒ Nach kurzgesprochenem Vokal schreibe ich „tz" (statt „zz").
- O Ich beachte den Fugenbaustein.

RS	Name: ____________________	Datum: ____________	

❹ Im folgenden Text sind acht Wörter falsch geschrieben. Streiche diese im Text durch und schreibe sie fehlerfrei auf. (8 P.)

Bei Banken und Sparkassen laufen immer heufiger erschrekend hohe Abbuchungen von Telefongesellschafften auf, die durch guthaben der Jugentlichen nicht gedeckt sind. Da man als minderjähriger sein Konto nicht überzihen kann, gehen die Rechnungen zurück. Dann müßen die Eltern dafür aufkommen.

________________ ________________

________________ ________________

________________ ________________

________________ ________________

❺ Setze im Text unten die acht fehlenden Satzzeichen ein. (4 P.)

Deshalb sollten Jugendliche besser über die Kosten aufgeklärt werden günstige Tarife wählen die Angebote genau vergleichen und über eine angemessene Nutzung nachdenken Oft hilft es nur dass ein finanzielles Limit gesetzt wird um weitere Ausgaben zu verhindern Ist die Schuldenfalle zugeschnappt kann mithilfe einer Beratungsstelle nach Lösungen gesucht werden

❻ Nur ein Satz ist richtig geschrieben. Kreuze ihn an. (2 P.)

O Durch das Setzen eines finanziellen Limits kann man am Besten die Schuldenfalle umgehen.

O Durch das Setzen eines finanziellen Limits kann man am besten die Schuldenfalle umgehen.

O Durch das setzen eines finanziellen Limits kann man am besten die Schuldenfalle umgehen.

O Durch das Setzen eines finanziellen Limits kann mann am besten die Schuldenfalle umgehen.

❼ Finde die passenden Fremdwörter und setze wo möglich den Artikel dazu. (4 P.)

________________________ Verbindung, Verständigung

________________________ Begrenzung, Preisgrenze

________________________ beweglich, gesund

________________________ festgelegter Preis/Lohn

❽ Wie heißen bei den folgenden Fremdwörtern die Endungen? Vervollständige das Wort und trage es unten in die Tabelle ein. (7,5 P.)

ster____ - Mot____ - Krit____ - Term____ - posit____ - stab____ - akt____ - na____ - Masch____ - Fabr____ - primit____ - Benz____ - Vent____ - Log____ - pass____

-ik	-il	-in/-ine	-iv	

Gesamtpunkte:
50 P.

Lösung

❹ Im folgenden Text sind acht Wörter falsch geschrieben. Streiche diese im Text durch und schreibe sie fehlerfrei auf. (8 P.)

Bei Banken und Sparkassen laufen immer ~~heufiger~~ ~~erschrekend~~ hohe Abbuchungen von ~~Telefongesellschafften~~ auf, die durch ~~guthaben~~ der ~~Jugentlichen~~ nicht gedeckt sind. Da man als ~~minderjähriger~~ sein Konto nicht ~~überzihen~~ kann, gehen die Rechnungen zurück. Dann ~~müßen~~ die Eltern dafür aufkommen.

häufiger	**erschrecken**
Telefongesellschaften	**Guthaben**
Jugendlichen	**Minderjähriger**
überziehen	**müssen**

❺ Setze im Text unten die acht fehlenden Satzzeichen ein. (4 P.)

Deshalb sollten Jugendliche besser über die Kosten aufgeklärt werden, günstige Tarife wählen, die Angebote genau vergleichen und über eine angemessene Nutzung nachdenken. Oft hilft es nur, dass ein finanzielles Limit gesetzt wird, um weitere Ausgaben zu verhindern. Ist die Schuldenfalle zugeschnappt, kann mithilfe einer Beratungsstelle nach Lösungen gesucht werden.

❻ Nur ein Satz ist richtig geschrieben. Kreuze ihn an. (2 P.)

O Durch das Setzen eines finanziellen Limits kann man am Besten die Schuldenfalle umgehen.

☒ Durch das Setzen eines finanziellen Limits kann man am besten die Schuldenfalle umgehen.

O Durch das setzen eines finanziellen Limits kann man am besten die Schuldenfalle umgehen.

O Durch das Setzen eines finanziellen Limits kann mann am besten die Schuldenfalle umgehen.

❼ Finde die passenden Fremdwörter und setze wo möglich den Artikel dazu. (4 P.)

die Kommunikation	Verbindung, Verständigung
das Limit	Begrenzung, Preisgrenze
mobil	beweglich, gesund
der Tarif	festgelegter Preis/Lohn

❽ Wie heißen bei den folgenden Fremdwörtern die Endungen? Vervollständige das Wort und trage es unten in die Tabelle ein. (7,5 P.)

ster**il** - Mot**iv** - Krit**ik** - Term**in** - posit**iv** - stab**il** - akt**iv** - na**iv** - Masch**ine** - Fabr**ik** - primit**iv** - Benz**in** - Vent**il** - Log**ik** - pass**iv**

-ik	-il	-in/-ine	-iv	
Kritik	**mobil**	**Termin**	**positiv**	**Motiv**
Fabrik	**stabil**	**Maschine**	**aktiv**	**primitiv**
Logik	**Ventil**	**Benzin**	**naiv**	**passiv**

Gesamtpunkte:
50 P.

RS	Name: ______________________	Datum: ______________	

❶ Diktat

Lernen will gelernt sein

Die Summe der ______________ ______________ / verdoppelt sich innerhalb weniger Jahre. / Etwas ______________ wird damit heute / ______________ schneller entwertet als früher. / In Zukunft kann es deshalb keine Trennung mehr / zwischen Ausbildung und Berufsleben geben. / Lernen wird für jeden, / der sein Leben erfolgreich ______________ / und sinnvoll ______________ will, / zu einer unverzichtbaren Aufgabe. / Notwendige ______________ für ______________ / ist aber zu wissen, wie man lernt. / Das ______________ gewinnt also immer mehr an Bedeutung. (74 Wörter)

Setze jeweils in die Lücken ein, was fehlt.

Schlage in Zweifelsfällen im Wörterbuch nach. Du hast zur Verbesserung drei Minuten Zeit. (10 P.)

❷ Übungsschwerpunkte

① Bei welchen zehn Wörtern wird nach kurzem Vokal der Mitlaut verdoppelt? (5 P.)

____

____

② Welche fünf Wörter werden aufgrund ihrer Nachsilbe kleingeschrieben? (2,5 P.)

____

③ Zerlege das Wort „Voraussetzung" in seine Wortbausteine. (1 P.)

____

④ Welche zwei Wörter werden durch Signalwörter zu Nomen? Schreibe Signalwort und Nomen. (2 P.)

____

❸ Mit welcher Lösungsstrategie kann man am besten die Rechtschreibung an der gekennzeichneten Stelle überprüfen? Kreuze an. (3 P.)

bew**ä**ltigen
- O Ich achte auf die Endung.
- O Ich bilde die Grundform.
- O Ich suche ein verwandtes Wort.
- O Ich zerlege das Wort.

erfol**g**reich
- O Ich beachte die Vorsilbe.
- O Ich überprüfe die Wortart.
- O Ich steigere das Wort.
- O Ich trenne das Wort, um verlängern zu können.

etwas **G**elerntes
- O Ich überprüfe die Wortart.
- O Ich suche ein verwandtes Wort.
- O Ich beachte das Signalwort.
- O Ich bilde die Grundform.

❹ Im Text sind fünf Wörter falsch geschrieben. Streiche sie durch und schreibe das richtige Wort darüber. (5 P.)

Es kommt vorallem darauf an, die moderne Informationstechnologie als Lehr und Lernmittel zu verstehen und einzusetzen. Die Schule muß der Ort sein, an dem alle Schülerinnen und Schüler an der Nutzung moderner Technicken Teil haben können.

Lösung

❶ Diktat

Lernen will gelernt sein

Die Summe der **menschlichen** **Kenntnisse** */ verdoppelt sich innerhalb weniger Jahre. / Etwas* **Gelerntes** *wird damit heute /* **wesentlich** *schneller entwertet als früher. / In Zukunft kann es deshalb keine Trennung mehr / zwischen Ausbildung und Berufsleben geben. / Lernen wird für jeden, / der sein Leben erfolgreich* **bewältigen** */ und sinnvoll* **gestalten** *will, / zu einer unverzichtbaren Aufgabe. / Notwendige* **Voraussetzung** *für* **effektives** **Lernen** */ ist aber zu wissen, wie man lernt. / Das* **Methodentraining** *gewinnt also immer mehr an Bedeutung.* (74 Wörter)

Setze jeweils in die Lücken ein, was fehlt.

Schlage in Zweifelsfällen im Wörterbuch nach. Du hast zur Verbesserung drei Minuten Zeit. (10 P.)

❷ Übungsschwerpunkte

① Bei welchen zehn Wörtern wird nach kurzem Vokal der Mitlaut verdoppelt? (5 P.)

Summe, Kenntnisse, verdoppelt, innerhalb, schneller, Trennung, sinnvoll, wissen, gewinnt, immer

② Welche fünf Wörter werden aufgrund ihrer Nachsilbe kleingeschrieben? (2,5 P.)

menschlich, wenig, wesentlich, unverzichtbar, notwendig

③ Zerlege das Wort „Voraussetzung" in seine Wortbausteine. (1 P.)

Vor - aus - setz - ung

④ Welche zwei Wörter werden durch Signalwörter zu Nomen? Schreibe Signalwort und Nomen. (2 P.)

etwas Gelerntes, effektives Lernen

❸ Mit welcher Lösungsstrategie kann man am besten die Rechtschreibung an der gekennzeichneten Stelle überprüfen? Kreuze an. (3 P.)

bew**ä**ltigen
- O Ich achte auf die Endung.
- O Ich bilde die Grundform.
- ⊗ Ich suche ein verwandtes Wort.
- O Ich zerlege das Wort.

erfol**g**reich
- O Ich beachte die Vorsilbe.
- O Ich überprüfe die Wortart.
- O Ich steigere das Wort.
- ⊗ Ich trenne das Wort, um verlängern zu können.

etwas **G**elerntes
- O Ich überprüfe die Wortart.
- O Ich suche ein verwandtes Wort.
- ⊗ Ich beachte das Signalwort.
- O Ich bilde die Grundform.

❹ Im Text sind fünf Wörter falsch geschrieben. Streiche sie durch und schreibe das richtige Wort darüber. (5 P.)

vor allem **Lehr-**
Es kommt ~~vorallem~~ darauf an, die moderne Informationstechnologie als ~~Lehr~~ und Lernmittel zu

muss
verstehen und einzusetzen. Die Schule ~~muß~~ der Ort sein, an dem alle Schülerinnen und Schüler

Techniken **teilhaben**
an der Nutzung moderner ~~Technicken~~ ~~Teil haben~~ können.

RS	Name: ______________________	Datum: ______________

❺ Setze im Text unten die sieben fehlenden Satzzeichen ein. (3,5 P.)

Die Schülerinnen und Schüler brauchen das Handwerkzeug um sicher mit den modernen Informations- und Kommunikationstechniken umzugehen Es reicht nicht aus das Internet als Informationsquelle zu nutzen Informationen müssen auch ausgewählt verstanden bewertet und beurteilt werden können

❻ Nur ein Satz ist richtig geschrieben. Kreuze ihn an. (2 P.)

O Lehrkräfte werden in der Schule verstärkt zu Wissensvermittlern und Metodentrainern.
O Lehrkräfte werden in der Schule verstärckt zu Wissensvermittlern und Methodentrainern.
O Lehrkräfte werden in der Schule verstärkt zu Wissensvermittlern und Methodentrainern.
O Lehrkräfte werden in der Schule verstärkt zu Wissensvermitlern und Methodentrainern.

❼ Ergänze bei den folgenden Fremdwörtern, was fehlt und trage sie unten nochmals ein. (9 P.)

Energ___ - Disko___ek - pa___ieren - Reak____ - Mi___ion - Kop___ - Opera____ - Ka___iere - Mus___ - Ma___ematik - Chem___ - Kommunika____ - A___let - Krit___ - f___r - M___lbox - Fabr___ - ___rbag

- Doppelter Mitlaut ohne kurzen Vokal davor: effektiv, ______________________
- th: Methode, ______________________
- ai: Training, ______________________
- -ie: Technologie, ______________________
- -ik: Technik, ______________________
- -tion: Information, ______________________

❽ Unregelmäßige Verben: Setze in die Tabelle ein, was fehlt. (8 P.)

Infinitiv	Gegenwart	1. Vergangenheit	2. Vergangenheit	Nomen dazu
wissen	du	er	er	
gewinnen	du	er	er	
verstehen	du	er	er	
geben	du	er	er	

❾ Ergänze die Tabelle unten. (6 P.)

Nomen	Verb	Adjektiv
Information	informieren	___________
___________	kooperieren	kooperativ
Funktion	___________	funktionell
___________	distanzieren	distanziert
Automat	___________	automatisch
Realität	realisieren	___________

Gesamtpunkte:
57 P.

Lösung

❺ Setze im Text unten die sieben fehlenden Satzzeichen ein. (3,5 P.)

Die Schülerinnen und Schüler brauchen das Handwerkzeug, um sicher mit den modernen Informations- und Kommunikationstechniken umzugehen. Es reicht nicht aus, das Internet als Informationsquelle zu nutzen. Informationen müssen auch ausgewählt, verstanden, bewertet und beurteilt werden können.

❻ Nur ein Satz ist richtig geschrieben. Kreuze ihn an. (2 P.)

O Lehrkräfte werden in der Schule verstärkt zu Wissensvermittlern und Metodentrainern.

O Lehrkräfte werden in der Schule verstärckt zu Wissensvermittlern und Methodentrainern.

☒ Lehrkräfte werden in der Schule verstärkt zu Wissensvermittlern und Methodentrainern.

O Lehrkräfte werden in der Schule verstärkt zu Wissensvermitlern und Methodentrainern.

❼ Ergänze bei den folgenden Fremdwörtern, was fehlt und trage sie unten nochmals ein. (9 P.)

Energ**ie** - Disko**th**ek - pa**ss**ieren - Reak**tion** - Mi**ll**ion - Kop**ie** - Opera**tion** - Ka**rr**iere - Mus**ik** - Ma**th**ematik - Chem**ie** - Kommunika**tion** - A**th**let - Krit**ik** - f**ai**r - M**ai**lbox - Fabr**ik** - **Ai**rbag

- Doppelter Mitlaut ohne kurzen Vokal davor: effektiv, **passieren, Million, Karriere**
- th: Methode, **Diskothek, Mathematik, Athlet**
- ai: Training, **fair, Mailbox, Airbag**
- -ie: Technologie, **Energie, Kopie, Chemie**
- -ik: Technik, **Kritik, Musik, Fabrik**
- -tion: Information, **Reaktion, Operation, Kommunikation**

❽ Unregelmäßige Verben: Setze in die Tabelle ein, was fehlt. (8 P.)

Infinitiv	Gegenwart	1. Vergangenheit	2. Vergangenheit	Nomen dazu
wissen	du **weißt**	er **wusste**	er **hat gewusst**	**das Wissen**
gewinnen	du **gewinnst**	er **gewann**	er **hat gewonnen**	**der Gewinn**
verstehen	du **verstehst**	er **verstand**	er **hat verstanden**	**der Verstand**
geben	du **gibst**	er **gab**	er **hat gegeben**	**die Gabe**

❾ Ergänze die Tabelle unten. (6 P.)

Nomen	Verb	Adjektiv
Information	informieren	**informativ**
Kooperation	kooperieren	kooperativ
Funktion	**funktionieren**	funktionell
Distanz(ierung)	distanzieren	distanziert
Automat	**automatisieren**	automatisch
Realität	realisieren	**real (reell)**

Gesamtpunkte: 57 P.

RS Name: ______________________________ Datum: ____________________

❶ Diktat

Ein historischer Tag

Am 9. November 1989, / rund 28 Jahre nach dem Mauerbau, / feierten in ___eiden ___eilen Berlins / Menschen aus ___st und ___est die neue Freiheit. / Ohne Formal_____ten / pa___ierten erstmals in dieser Nacht / ___ehntausende die ___bergänge. / Übe___aschend schnell / hatte die dam____ ge DDR-Führung / mit dieser Ma__________e / auf die Ma___enausreise i___er Bürger / über die Tsche______________________und Ungarn reagiert. /

Es gab ergr_______ende Verbrüderung___________. / Weinend vor Freude lagen sich Menschen in den Armen. / Hunderte er__________en die Mauer. / In diesen Stunden e_______tierte die Grenze einfach nicht mehr. (82 Wörter)

Setze jeweils in die Lücken ein, was fehlt.

Schlage in Zweifelsfällen im Wörterbuch nach. Du hast zur Verbesserung drei Minuten Zeit. (9 P.)

❷ Übungsschwerpunkte

① Bei welchen drei Wörtern wird nach kurzem Vokal der Mitlaut verdoppelt? (1,5 P.)

____

② Bei welchen fünf Wörtern kann man durch Verlängern das „b“, „d“ und „g“ besser hören? (5 P.)

____

____

③ Suche im Text drei Fremdwörter (Verben) mit der Nachsilbe „-ieren“. (1,5 P.)

____

④ Finde die vier Merkwörter mit „Dehnungs-h“ und „ß“. (2 P.)

____

❸ Mit welcher Lösungsstrategie kann man am besten die Rechtschreibung an der gekennzeichneten Stelle überprüfen? Kreuze an. (3 P.)

ga**b**
- O Ich überprüfe die Wortart.
- O Ich bilde die Grundform und spreche silbenweise mit.
- O Ich beachte das Signalwort.
- O Ich achte auf die Endung.

übe**rr**aschend
- O Ich verdopple den Mitlaut nach kurz gesprochenem Vokal.
- O Ich beachte die Nahtstelle.
- O Ich verlängere das Wort.
- O Ich bilde die Grundform.

Freiheit
- O Ich verlängere das Wort.
- O Ich suche ein verwandtes Wort.
- O Ich beachte die Nachsilbe.
- O Ich dehne das Wort.

❹ Welches Wort hat zwei orthografische Merkstellen? (1 P.)

____

Lösung

❶ Diktat

Ein historischer Tag

Am 9. November 1989, / rund 28 Jahre nach dem Mauerbau, / feierten in ***b****eiden* ***T****eilen Berlins / Menschen aus* ***O****st und* ***W****est die neue Freiheit. / Ohne Formal****itä****ten / pa****ss****ierten erstmals in dieser Nacht /* ***Z****ehntausende die* ***Ü****bergänge. / Übe****rr****aschend schnell / hatte die dam****ali****ge DDR-Führung / mit dieser Ma****ßnahm****e / auf die Ma****ss****enausreise i****hr****er Bürger / über die Tsche****choslowakei*** *und Ungarn reagiert. /*

*Es gab ergr****eif****ende Verbrüderung****sszenen****. / Weinend vor Freude lagen sich Menschen in den Armen. / Hunderte er****klomm****en die Mauer. / In diesen Stunden e****xis****tierte die Grenze einfach nicht mehr.* (82 Wörter)

Setze jeweils in die Lücken ein, was fehlt.

Schlage in Zweifelsfällen im Wörterbuch nach. Du hast zur Verbesserung drei Minuten Zeit. (9 P.)

❷ Übungsschwerpunkte

① Bei welchen drei Wörtern wird nach kurzem Vokal der Mitlaut verdoppelt? (1,5 P.)

schnell, Masse, erklommen (erklimmen)

② Bei welchen fünf Wörtern kann man durch Verlängern das „b“, „d“ und „g“ besser hören? (5 P.)

rund - runde; überraschend - überraschende; gab - geben; weinend - weinende; Tag - Tage

③ Suche im Text drei Fremdwörter (Verben) mit der Nachsilbe „-ieren“. (1,5 P.)

passieren, reagieren, existieren

④ Finde die vier Merkwörter mit „Dehnungs-h“ und „ß“. (2 P.)

Jahr, zehn, Führung, Maßnahme

❸ Mit welcher Lösungsstrategie kann man am besten die Rechtschreibung an der gekennzeichneten Stelle überprüfen? Kreuze an. (3 P.)

ga**b**
- O Ich überprüfe die Wortart.
- ⊗ Ich bilde die Grundform und spreche silbenweise mit.
- O Ich beachte das Signalwort.
- O Ich achte auf die Endung.

übe**rr**aschend
- O Ich verdopple den Mitlaut nach kurz gesprochenem Vokal.
- ⊗ Ich beachte die Nahtstelle.
- O Ich verlängere das Wort.
- O Ich bilde die Grundform.

Freiheit
- O Ich verlängere das Wort.
- O Ich suche ein verwandtes Wort.
- ⊗ Ich beachte die Nachsilbe.
- O Ich dehne das Wort.

❹ Welches Wort hat zwei orthografische Merkstellen? (1 P.)

Maßnahme

RS	Name: ______________________	Datum: ______________	

❺ Im folgenden Text sind acht Wörter falsch geschrieben. Streiche diese im Text durch und schreibe sie fehlerfrei auf. (8 P.)

Viele konnten es kaum fassen, das die Jahrzehntelang geforderte und bissher unterdrückte Freiheit entlich Wirklichkeit geworden war. Die Schüße an der Mauer mochten den Meisten noch in Errinnerung sein. In den folgenden Tagen wurden weitere Übergänge an der Innerdeutschen Grenze geöffnet.

_______________ _______________ _______________ _______________

_______________ _______________ _______________ _______________

❻ Setze im Text unten sieben fehlende Satzzeichen und ein Zeichen ein. (4 P.)

Sogar Polizisten halfen den Menschen die über die Mauer klettern wollten Die Freude war groß einfach überwältigend Dieser 9 November ein bedeutsamer und denkwürdiger Tag wird sicherlich in die Geschichte eingehen

❼ Nur ein Satz ist richtig geschrieben. Kreuze ihn an. (2 P.)

O Das Klettern über die Mauer war besonders für ältere ein waghalsiges Unterfangen.

O Das Klettern über die Mauer war besonders für Ältere ein waaghalsiges Unterfangen.

O Das klettern über die Mauer war besonders für Ältere ein waghalsiges Unterfangen.

O Das Klettern über die Mauer war besonders für Ältere ein waghalsiges Unterfangen.

❽ Fremdwörter mit der Endung „-ieren“. (6 P.)
Findest du im Kästchen unten die sechs Nomen, zu denen es ein Verb mit „-ieren“ gibt? Schreibe beide.

Optik	Funktion	Energie
Interesse	Situation	Export
Information	Theater	Diktat
Reparatur	Natur	Diskussion

Funktion - funktionieren, ______________________

____

____

____

❾ Wortfamilien
Wie heißt jeweils das Grundwort? Suche noch fünf weitere verwandte Wörter dazu. (6 P.)

Teilnahme:

____

____

Führung:

____

____

❿ „das“ oder „dass“?

• das = **Artikel**, der einem Nomen vorausgeht, z. B. das Tier, das kleine Haus, das Gute.
= **Relativpronomen**, das sich auf ein vorhergehendes Nomen bezieht, z. B. ein **Kind**, **das** laut lacht.

• dass = **Konjunktion**, die einen Nebensatz einleitet, z. B. ich hoffe, dass du kommst.

Gesamtpunkte:
49 P.

Lösung

❺ Im folgenden Text sind acht Wörter falsch geschrieben. Streiche diese im Text durch und schreibe sie fehlerfrei auf. (8 P.)

Viele konnten es kaum fassen, ~~das~~ die ~~Jahrzehntelang~~ geforderte und ~~bissher~~ unterdrückte Freiheit ~~entlich~~ Wirklichkeit geworden war. Die ~~Schüße~~ an der Mauer mochten den ~~Meisten~~ noch in ~~Errinnerung~~ sein. In den folgenden Tagen wurden weitere Übergänge an der ~~Innerdeutschen~~ Grenze geöffnet.

dass	**jahrzehntelang**	**bisher**	**endlich**
Schüsse	**meisten**	**Erinnerung**	**innerdeutschen**

❻ Setze im Text unten sieben fehlende Satzzeichen und ein Zeichen ein. (4 P.)

*Sogar Polizisten halfen den Menschen**,** die über die Mauer klettern wollten**.** Die Freude war groß**,** einfach überwältigend**.** Dieser 9**.** November**,** ein bedeutsamer und denkwürdiger Tag**,** wird sicherlich in die Geschichte eingehen**.***

❼ Nur ein Satz ist richtig geschrieben. Kreuze ihn an. (2 P.)

O Das Klettern über die Mauer war besonders für ältere ein waghalsiges Unterfangen.

O Das Klettern über die Mauer war besonders für Ältere ein waaghalsiges Unterfangen.

O Das klettern über die Mauer war besonders für Ältere ein waghalsiges Unterfangen.

☒ Das Klettern über die Mauer war besonders für Ältere ein waghalsiges Unterfangen.

❽ Fremdwörter mit der Endung „-ieren". (6 P.)
Findest du im Kästchen unten die sechs Nomen, zu denen es ein Verb mit „-ieren" gibt? Schreibe beide.

Optik	Funktion	Energie
Interesse	Situation	Export
Information	Theater	Diktat
Reparatur	Natur	Diskussion

Funktion - funktionieren, **Interesse - interessieren,**
Export - exportieren, Information - informieren,
Diktat - diktieren, Reparatur - reparieren,
Diskussion - diskutieren

❾ Wortfamilien
Wie heißt jeweils das Grundwort? Suche noch fünf weitere verwandte Wörter dazu. (6 P.)

Teilnahme:
nehmen; annehmen, Annahme, aufnehmen, vornehmen, Übernahme

Führung:
führen; ausführen, Anführer, Einführung, vorführen, durchführen

❿ „das" oder „dass"?
- das = **Artikel**, der einem Nomen vorausgeht, z. B. das Tier, das kleine Haus, das Gute.
  = **Relativpronomen**, das sich auf ein vorhergehendes Nomen bezieht, z. B. ein **Kind, das** laut lacht.
- dass = **Konjunktion**, die einen Nebensatz einleitet, z. B. ich hoffe, dass du kommst.

Gesamtpunkte:
49 P.

RS	Name:	Datum:	

❶ Diktat

Soll man Computerspiele verteufeln?

Immer wieder hört man warnende Stimmen, / die auf mögliche Gefahren durch Computerspiele hinweisen. / Aber Computerspiele können nach Ansicht von Experten / auch eine sinnvolle Freizeitbeschäftigung / für Kinder und Jugendliche sein. / Nach einer neuen Studie fördern viele Spiele / die Denk- und Kombinationsfähigkeit / sowie schnelles Reaktionsvermögen. / Besonders empfohlen werden von Fachleuten Strategiespiele, / bei denen Kinder Zusammenhänge erkennen lernen. / Auch Autorennen und Aktionsspiele / können positive Wirkung haben, / denn sie helfen unter Umständen Aggressivität abzubauen. / Das logische Denkvermögen kann beispielsweise auch / durch Detektivspiele gefördert werden. (84 Wörter)

- Schreibe das Diktat sauber auf ein DIN A 4 - Blatt.
- Schlage in Zweifelsfällen im Wörterbuch nach. Du hast zur Verbesserung fünf Minuten Zeit. (10 P.)

❷ Übungsschwerpunkte

① Finde sechs Wörter, bei denen nach kurzem Vokal der Mitlaut verdoppelt wird. (3 P.)

② Bei welchen zwei Wörtern wird das langgesprochene „i" mit „ie" geschrieben? (1 P.)

③ Das Fugen-s verweist auf ein zusammengesetztes Wort. Finde vier Beispiele. (2 P.)

④ Finde je zwei Merkwörter mit „Dehnungs-h" und nur mit „i" trotz langgesprochenem „i". (2 P.)

⑤ Finde im Diktattext oben sechs Fremdwörter. (3 P.)

❸ Mit welcher Lösungsstrategie kann man am besten die Rechtschreibung an der gekennzeichneten Stelle überprüfen? Kreuze an. (3 P.)

Fähi**g**keit
- O Ich beachte die Nachsilbe.
- O Ich trenne die Nachsilbe ab, um verlängern zu können.
- O Ich suche ein verwandtes Wort.
- O Ich bilde die Grundform.

beispiel**s**weise
- O Ich achte auf die Endung.
- O Ich suche ein verwandtes Wort.
- O Ich verlängere das Wort.
- O Ich beachte das Fugen-s.

si**nn**vo**ll**
- O Ich steigere das Wort.
- O Nach kurzem Vokal verdopple ich den Mitlaut.
- O Ich achte auf die Endung.
- O Ich suche ein verwandtes Wort.

Lösung

❶ Diktat

Soll man Computerspiele verteufeln?

*Immer wieder hört man warnende Stimmen, / die auf mögliche Gefahren durch Computerspiele hinweisen. / Aber Computerspiele können nach **Ansicht** von **Experten** / auch eine sinnvolle **Freizeitbeschäftigung** / für Kinder und **Jugendliche** sein. / Nach einer neuen **Studie** fördern viele Spiele / die **Denk-** und **Kombinationsfähigkeit** / **sowie** schnelles Reaktionsvermögen. / Besonders **empfohlen** werden von Fachleuten **Strategiespiele**, / bei denen Kinder **Zusammenhänge** erkennen lernen. / Auch Autorennen und **Aktionsspiele** / können **positive** Wirkung haben, / denn sie helfen unter Umständen **Aggressivität** abzubauen. / Das logische Denkvermögen kann beispielsweise auch / durch **Detektivspiele** gefördert werden.* (84 Wörter)

- Schreibe das Diktat sauber auf ein DIN A 4 - Blatt.
- Schlage in Zweifelsfällen im Wörterbuch nach. Du hast zur Verbesserung fünf Minuten Zeit. (10 P.)

❷ Übungsschwerpunkte

① Finde sechs Wörter, bei denen nach kurzem Vokal der Mitlaut verdoppelt wird. (3 P.)

Stimme, sinnvoll, schnell, Zusammenhang, erkennen, Autorennen

② Bei welchen zwei Wörtern wird das langgesprochene „i“ mit „ie“ geschrieben? (1 P.)

Spiel, Strategie

③ Das Fugen-s verweist auf ein zusammengesetztes Wort. Finde vier Beispiele. (2 P.)

Kombinationsfähigkeit, Reaktionsvermögen, Aktionsspiele, beispielsweise

④ Finde je zwei Merkwörter mit „Dehnungs-h“ und nur mit „i“ trotz langgesprochenem „i“. (2 P.)

Gefahr, empfohlen (empfehlen);

positiv, Detektiv, (Aggressivität, Kombination)

⑤ Finde im Diktattext oben sechs Fremdwörter. (6 P.)

Computer, Experte, Studie, Kombination, Reaktion, Strategie,

(Aktion, positiv, Aggressivität, logisch)

❸ Mit welcher Lösungsstrategie kann man am besten die Rechtschreibung an der gekennzeichneten Stelle überprüfen? Kreuze an. (3 P.)

Fähi**g**keit
- O Ich beachte die Nachsilbe.
- ☒ Ich trenne die Nachsilbe ab, um verlängern zu können.
- O Ich suche ein verwandtes Wort.
- O Ich bilde die Grundform.

beispiel**s**weise
- O Ich achte auf die Endung.
- O Ich suche ein verwandtes Wort.
- O Ich verlängere das Wort.
- ☒ Ich beachte das Fugen-s.

si**nn**voll
- O Ich steigere das Wort.
- ☒ Nach kurzem Vokal verdopple ich den Mitlaut.
- O Ich achte auf die Endung.
- O Ich suche ein verwandtes Wort.

RS	Name: ______________________	Datum: ______________	

❹ Im folgenden Text sind acht Wörter falsch geschrieben. Streiche diese im Text durch und schreibe sie fehlerfrei darüber. (8 P.)

Deshalb ist bei Spielen mit Gewaltdarstellungen aller Art vorsicht geboten, da prutale Spiele durchaus die Gewaltbereitschaft erhöen können. Aus diesem Grund darf man es nicht nur den Kindern überlassen, welche Spiele sie auswählen und wieviel Zeit Sie vor dem Bildschirm verbringen. Hier sind auch Eltern und Pedagogen gefordert und müssen sich Ihrer Verantwortung bewußt sein.

❺ Setze im Text unten die sieben fehlenden Satzzeichen und ein Auslassungszeichen ein. (4 P.)

Als besonders positiv wird bewertet dass Kinder durch die Spiele wichtige Funktionen kennen lernen die eine Handhabung des Computers erleichtern Das schafft gute Voraussetzungen für die Berufs und Arbeitswelt die heute in vielen Bereichen ja fast überall im gesamten Berufsleben vom Computer geprägt ist

❻ Nur ein Satz ist richtig geschrieben. Kreuze ihn an. (2 P.)

O Spiele, die Gewalt verherrlichen, verstärken das eigene Gewaltpotenzial in ungeahntem Maße.
O Spiele, die Gewalt verherrlichen, verstärken das eigene Gewaltpotenzial in ungeantem Mase.
O Spiele, die Gewalt verherrlichen, verstärken das eigene Gewaltpotenzial in ungeahntem Masse.
O Spiele, die Gewalt verherrlichen, verstärken das eigene Gewaltpotenziehal in ungeantem Mase.

❼ Welche Anfangs- oder Endbausteine haben die folgenden Fremdwörter? Vervollständige die Wörter und trage sie unten in die Tabelle ein. (5 P.)

______petenz - Detekt_____ - _____port - Mobili_____ - Informa_____ - _____periment
Frak_____ - ______mentar - impuls_____ - Quali_____

Ex-	Kom-	-v	-tät	-tion
Experte	Kombination	positiv	Aggressivität	Reaktion

❽ Getrennt- oder Zusammenschreibung?
Verbindungen von Verb + Verb schreibt man meist getrennt, z. B. spazieren gehen. Wenn aber diese Verbindung wie ein Nomen gebraucht wird, schreibt man sie groß und zusammen, z. B. das Spazierengehen.

Kannst du jeweils die Wörter richtig einsetzen? (4 P.)

• schreiben + können:
- Du solltest dieses Wort richtig ______________________.
- Zum Beruf eines Schriftstellers gehört das ______________________.

• sitzen + bleiben:
- Er braucht zum angenehmen ______________________ ein Kissen.
- Er möchte noch gerne ein bisschen ______________________.

Gesamtpunkte: 50 P.

Lösung

❹ Im folgenden Text sind acht Wörter falsch geschrieben. Streiche diese im Text durch und schreibe sie fehlerfrei darüber. (8 P.)

Vorsicht **brutale**
Deshalb ist bei Spielen mit Gewaltdarstellungen aller Art ~~vorsicht~~ geboten, da ~~prutale~~ Spiele durch-

erhöhen
aus die Gewaltbereitschaft ~~erhöen~~ können. Aus diesem Grund darf man es nicht nur den Kindern

wie viel **sie**
überlassen, welche Spiele sie auswählen und ~~wieviel~~ Zeit ~~Sie~~ vor dem Bildschirm verbringen. Hier

Pädagogen **ihrer** **bewusst**
sind auch Eltern und ~~Pedagogen~~ gefordert und müssen sich ~~Ihrer~~ Verantwortung ~~bewußt~~ sein.

❺ Setze im Text unten die sieben fehlenden Satzzeichen und ein Auslassungszeichen ein. (4 P.)

Als besonders positiv wird bewertet, dass Kinder durch die Spiele wichtige Funktionen kennen lernen, die eine Handhabung des Computers erleichtern. Das schafft gute Voraussetzungen für die Berufs- und Arbeitswelt, die heute in vielen Bereichen, ja fast überall im gesamten Berufsleben, vom Computer geprägt ist.

❻ Nur ein Satz ist richtig geschrieben. Kreuze ihn an. (2 P.)

X Spiele, die Gewalt verherrlichen, verstärken das eigene Gewaltpotenzial in ungeahntem Maße.
O Spiele, die Gewalt verherrlichen, verstärken das eigene Gewaltpotenzial in ungeantem Mase.
O Spiele, die Gewalt verherrlichen, verstärken das eigene Gewaltpotenzial in ungeahntem Masse.
O Spiele, die Gewalt verherrlichen, verstärken das eigene Gewaltpotenziehal in ungeantem Mase.

❼ Welche Anfangs- oder Endbausteine haben die folgenden Fremdwörter? Vervollständige die Wörter und trage sie unten in die Tabelle ein. (5 P.)

Kompetenz - Detekt**iv** - **Ex**port - Mobili**tät** - Informa**tion** - **Ex**periment
Frak**tion** - **Kom**mentar - impuls**iv** - Quali**tät**

Ex-	Kom-	-v	-tät	-tion
Experte	Kombination	positiv	Aggressivität	Reaktion
Export	**Kompetenz**	**Detektiv**	**Mobilität**	**Information**
Experiment	**Kommentar**	**impulsiv**	**Qualität**	**Fraktion**

❽ Getrennt- oder Zusammenschreibung?
Verbindungen von Verb + Verb schreibt man meist getrennt, z. B. spazieren gehen. Wenn aber diese Verbindung wie ein Nomen gebraucht wird, schreibt man sie groß und zusammen, z. B. das Spazierengehen.

Kannst du jeweils die Wörter richtig einsetzen? (4 P.)

• schreiben + können:
- Du solltest dieses Wort richtig **schreiben können**.
- Zum Beruf eines Schriftstellers gehört das **Schreibenkönnen**.

• sitzen + bleiben:
- Er braucht zum angenehmen **Sitzenbleiben** ein Kissen.
- Er möchte noch gerne ein bisschen **sitzen bleiben**.

Gesamtpunkte:
50 P.

RS Name: ______________________ Datum: ______________

❶ Diktat

Konsum auf ___________

Mit verlo____enden Angeboten geht der Handel auf ___undenfang. Kaufe jetzt, zahle später - der mehr als 100 Jahre alte Werbe_______________ eines findigen Kaufmanns ist l____________zu einem Grund_____________ unseres ___onsumverhaltens geworden. Das ___eueste Handy mit teurem Laufzeitvertrag oder ein ___euwagen im günstigen L__________ sind für viele Verbraucher ein selbstverständliches ___andeln. Mei___t verläuft das _________liche ___chuldenmachen auch gut. Aber ___ehe, wenn einer der verh_____nisvollen Fälle eintrifft: Krankheit, Arbeitslosigkeit oder Trennung. Der damit eintre_______ ___inkommensverlust ist der Hauptgrund für das _________en von Kred___ten. (83 Wörter)

- Ergänze die Lücken.
- Schlage in Zweifelsfällen im Wörterbuch nach. Du hast zur Verbesserung drei Minuten Zeit. (10 P.)

❷ Übungsschwerpunkte

① Finde acht Wörter, bei denen nach kurzem Vokal der Mitlaut verdoppelt wird. Dazu gehören auch „ck“ (statt kk) und „tz“ (statt zz). (4 P.)

② Bei welchen fünf Wörtern wird „ä“/„äu“ wegen verwandtem Wort „a“/„au“ geschrieben? Schreibe jeweils beide Formen auf. (5 P.)

③ In welchen drei Fällen beachte ich das Signalwort zur Großschreibung? (3 P.)

④ Schreibe aus dem Diktattext oben sechs Fremdwörter heraus. (3 P.)

❸ Welche Lösungsstrategie trifft an der gekennzeichneten Stelle zu? Kreuze an. (3 P.)

Einkommen**s**-verlust
- O Ich trenne das Wort.
- O Ich verlängere das Wort.
- O Ich suche ein verwandtes Wort.
- O Ich beachte das Fugen-s und schreibe zusammen.

Grundprinz**ip**
- O Ich achte auf die Endung.
- O Ich überprüfe die Wortart.
- O Ich dehne das Wort.
- O Ich trenne das Wort, um verlängern zu können.

etwas **B**eson-deres
- O Ich beachte die Nachsilbe.
- O Ich beachte das Signalwort.
- O Ich verlängere das Wort.
- O Ich suche ein verwandtes Wort.

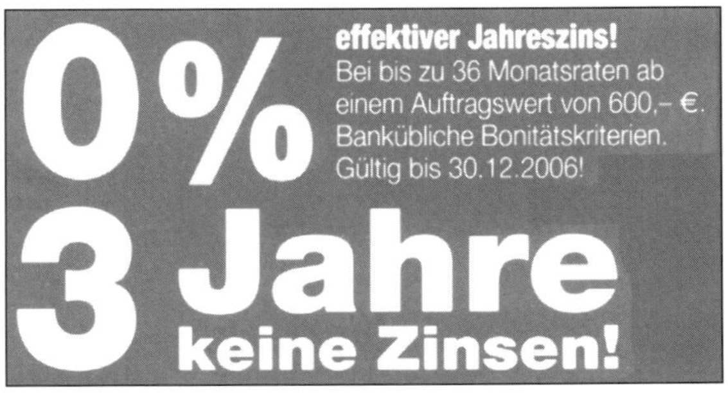

Welche Lösungsstrategien treffen zu? (1,5 P.)

täglich
- O Ich suche ein verwandtes Wort.
- O Ich beachte die Nachsilbe.
- O Ich überprüfe die Wortart.
- O Ich trenne die Nachsilbe ab, um verlängern zu können.
- O Ich beachte das Signalwort.

Lösung

❶ Diktat

Konsum auf ***Pump***

*Mit verlo****ck****enden Angeboten geht der Handel auf* ***K****undenfang. Kaufe jetzt, zahle später - der mehr als 100 Jahre alte Werbe****slogan*** *eines findigen Kaufmanns ist l****ängst*** *zu einem Grund****prinzip*** *unseres* ***K****onsumverhaltens geworden. Das* ***n****eueste Handy mit teurem Laufzeitvertrag oder ein* ***N****euwagen im günstigen L****easing*** *sind für viele Verbraucher ein selbstverständliches* ***H****andeln. Mei****s****t verläuft das* ***alltäg****liche* ***S****chuldenmachen auch gut. Aber* ***w****ehe, wenn einer der verh****äng****nisvollen Fälle eintrifft: Krankheit, Arbeitslosigkeit oder Trennung. Der damit eintre****tende*** ***E****inkommensverlust ist der Hauptgrund für das* ***Platz****en von Kred****i****ten.* (83 Wörter)

- Ergänze die Lücken.
- Schlage in Zweifelsfällen im Wörterbuch nach. Du hast zur Verbesserung drei Minuten Zeit. (10 P.)

❷ Übungsschwerpunkte

① Finde acht Wörter, bei denen nach kurzem Vokal der Mitlaut verdoppelt wird. Dazu gehören auch „ck“ (statt kk) und „tz“ (statt zz). (4 P.)

Kaufmann, alltäglich, voll, eintrifft (eintreffen), Trennung, Einkommen, verlocken, platzen

② Bei welchen fünf Wörtern wird „ä“/„äu“ wegen verwandtem Wort „a“/„au“ geschrieben? Schreibe jeweils beide Formen auf. (5 P.)

längst - lange, verläuft - verlaufen, täglich - Tag, Verhängnis - Hang, Fälle - Fall

③ In welchen drei Fällen beachte ich das Signalwort zur Großschreibung? (3 P.)

selbstverständliches Handeln, das alltägliche Schuldenmachen, das Platzen

④ Schreibe aus dem Diktattext oben sechs Fremdwörter heraus. (3 P.)

Konsum, Prinzip, Slogan, Kredit, Handy, Leasing

❸ Welche Lösungsstrategie trifft an der gekennzeichneten Stelle zu? Kreuze an. (3 P.)

Einkommen**s**-verlust
- O Ich trenne das Wort.
- O Ich verlängere das Wort.
- O Ich suche ein verwandtes Wort.
- ⊗ Ich beachte das Fugen-s und schreibe zusammen.

Grundprinz**ip**
- O Ich achte auf die Endung.
- O Ich überprüfe die Wortart.
- O Ich dehne das Wort.
- ⊗ Ich trenne das Wort, um verlängern zu können.

etwas **B**eson-deres
- O Ich beachte die Nachsilbe.
- ⊗ Ich beachte das Signalwort.
- O Ich verlängere das Wort.
- O Ich suche ein verwandtes Wort.

Welche Lösungsstrategien treffen zu? (1,5 P.)

täglich
- ⊗ Ich suche ein verwandtes Wort.
- ⊗ Ich beachte die Nachsilbe.
- O Ich überprüfe die Wortart.
- ⊗ Ich trenne die Nachsilbe ab, um verlängern zu können.
- O Ich beachte das Signalwort.

RS	Name: ______________________	Datum: ______________	

❹ Im folgenden Text sind acht Wörter falsch geschrieben. Streiche diese im Text durch und schreibe sie fehlerfrei darüber. (8 P.)

Nach dem diesjährigen „Schuldenreport" ist jeder Dritte Haushalt in Deutschland (insgesamt rund 3 Millionen Haushalte) komplet überschuldet. Bei einer weiteren halben Million besteht eine ackute Gefährdung. Nach abzug der Lebenshaltungskosten bleiben innen monatlich weniger als 100 Euro übrig. Schon eine unvorhergesehene Rechnung, z. B. Auto oder Waschmaschiene kann zum Finanziellen zusammenbruch führen.

❺ Setze im Text unten die acht fehlenden Satzzeichen. (3,5 P.)

Mit verlockenden Angeboten wie „einmalige Gelegenheit" „Schnäppchenpreis" oder „Geiz ist geil" geht der Handel auf Kundenfang Was ist die Folge Das Risiko das mit solchen Angeboten verbunden ist trägt der Verbraucher Er trifft die Entscheidung leider oft im Sinne des Anbieters.

❻ Kreuze jeweils an, was richtig ist. (3 P.)

O unkontroliertes Schuldenmachen	O Kreditgewärung	O atraktive Leasingangebote
O unkontrolliertes Schulden machen	O Kreditgewährung	O attraktive Laesingangebote
O unkontrolliertes Schuldenmachen	O Kreditgewehrung	O attraktive Leasingangebote

❼ Welche Fremdwörter in den Texten haben die angegebene Bedeutung? (6 P.)

__________________ Grundsatz, Richtlinie
__________________ Darlehen mit Verzinsung
__________________ Verbrauch
__________________ vollständig
__________________ (langfristige) Vermietung
__________________ dringend; plötzlich auftretend

❽ Getrennt- oder Zusammenschreibung?
Verbindungen von Nomen + Verb schreibt man meist getrennt, z. B. Schulden machen. Wenn aber diese Verbindung wie ein Nomen gebraucht wird (Nominalisierung), schreibt man sie groß und zusammen, z. B. das Schuldenmachen.

Kannst du jeweils die Wörter richtig einsetzen? (6 P.)

• Auto - fahren	sich beim ______________ sehr konzentrieren
• Zeitung - lesen	heute Abend noch ______________
• Angst - haben	vor Hunden keine ______________
• Musik - hören	zum ______________ den Kopfhörer aufsetzen
• Schach - spielen	Ich möchte heute noch ______________.
• Rad - fahren	Das ______________ ist gesund.

Gesamtpunkte:
56 P.

Lösung

❹ Im folgenden Text sind acht Wörter falsch geschrieben. Streiche diese im Text durch und schreibe sie fehlerfrei darüber. (8 P.)

Nach dem diesjährigen „Schuldenreport" ist jeder ~~Dritte~~ **dritte** *Haushalt in Deutschland (insgesamt rund 3 Millionen Haushalte) ~~komplet~~* **komplett** *überschuldet. Bei einer weiteren halben Million besteht eine ~~ackute~~* **akute** *Gefährdung. Nach ~~abzug~~* **Abzug** *der Lebenshaltungskosten bleiben ~~innen~~* **ihnen** *monatlich weniger als 100 Euro übrig. Schon eine unvorhergesehene Rechnung, z. B. Auto oder ~~Waschmaschiene~~* **Waschmaschine** *kann zum ~~Finan-ziellen~~* **finan-ziellen** *~~zusammenbruch~~* **Zusammenbruch** *führen.*

❺ Setze im Text unten die acht fehlenden Satzzeichen. (3,5 P.)

Mit verlockenden Angeboten wie „einmalige Gelegenheit", „Schnäppchenpreis" oder „Geiz ist geil" geht der Handel auf Kundenfang. Was ist die Folge? Das Risiko, das mit solchen Angeboten verbunden ist, trägt der Verbraucher. Er trifft die Entscheidung, leider oft im Sinne des Anbieters.

❻ Kreuze jeweils an, was richtig ist. (3 P.)

O unkontroliertes Schuldenmachen	O Kreditgewärung	O atraktive Leasingangebote
O unkontrolliertes Schulden machen	⊗ Kreditgewährung	O attraktive Laesingangebote
⊗ unkontrolliertes Schuldenmachen	O Kreditgewehrung	⊗ attraktive Leasingangebote

❼ Welche Fremdwörter in den Texten haben die angegebene Bedeutung? (6 P.)

das Prinzip	Grundsatz, Richtlinie
der Kredit	Darlehen mit Verzinsung
der Konsum	Verbrauch
komplett	vollständig
das Leasing	(langfristige) Vermietung
akut	dringend; plötzlich auftretend

❽ Getrennt- oder Zusammenschreibung?
Verbindungen von Nomen + Verb schreibt man meist getrennt, z. B. Schulden machen. Wenn aber diese Verbindung wie ein Nomen gebraucht wird (Nominalisierung), schreibt man sie groß und zusammen, z. B. das Schuldenmachen.

Kannst du jeweils die Wörter richtig einsetzen? (6 P.)

- Auto - fahren — sich beim **Autofahren** sehr konzentrieren
- Zeitung - lesen — heute Abend noch **Zeitung lesen**
- Angst - haben — vor Hunden keine **Angst haben**
- Musik - hören — zum **Musikhören** den Kopfhörer aufsetzen
- Schach - spielen — Ich möchte heute noch **Schach spielen**.
- Rad - fahren — Das **Radfahren** ist gesund.

Gesamtpunkte:
56 P.

RS	Name: ______________________	Datum: ______________	

❶ Diktat

Traumjob gesucht

Wenn am frühen ____________ der Wecker _________ / wissen _________ nicht, / was der Arbeitstag bringt. / Gibt es etwas _______________ / als die _______________ auf einen Tag voller ______________________, / ____________________ Menschen und kleiner ________________? / Wer im Beruf ______________ bringen will, / muss ______ mögen. / Zu jedem Menschen passt ein bestimmter Job. / Wie aber findet man ____________________ den _____________? / Ein neuer __________ auf diesem Gebiet / ist das ______________ per Mausklick, / das ________________ viele Betriebe bevorzugen. / __________ es nicht auf ___________, / darf man nicht in __________ verfallen. / Nicht ____________ heißt die _______________.

(88 Wörter)

- Setze die fehlenden Wörter in die Lücken ein.
- Schlage in Zweifelsfällen im Wörterbuch nach. Du hast zur Verbesserung fünf Minuten Zeit. (10 P.)

❷ Übungsschwerpunkte

① Suche neun Wörter, die nach kurzem Vokal einen doppelten Mitlaut haben. Dazu gehören auch „ck" (statt kk). (4,5 P.)

____

____

② Das langgesprochene „i" wird meist mit „ie" geschrieben. Finde drei Wörter. (1,5 P.)

____

③ Finde zu dem vorgegebenen Wort jeweils drei weitere Reimwörter. (6 P.)

Interesse:	Wecker:	klappen:	setzen:
__________	__________	__________	__________
__________	__________	__________	__________
__________	__________	__________	__________

④ Suche zu „interessant" zwei verwandte Wörter. (1 P.)

____

❸ Welche Lösungsstrategie trifft an der gekennzeichneten Stelle zu? Kreuze an. (3 P.)

etwas **S**chöneres
- O Ich bilde die Steigerungsform.
- O Ich beachte das Signalwort.
- O Ich verlängere das Wort.
- O Ich bilde die Grundform.

pa**ss**t
- O Ich achte auf die Endung.
- O Ich überprüfe die Wortart.
- O Ich bilde die Grundform.
- O Ich beachte die Wortbausteine.

intere**ss**ant
- O Ich überprüfe die Wortart.
- O Ich beachte das Signalwort.
- O Ich bilde die Grundform.
- O Ich suche ein verwandtes Wort.

Lösung

❶ Diktat

Traumjob gesucht

Wenn am frühen **Morgen** *der Wecker* **nervt** */ wissen* **viele** *nicht, / was der Arbeitstag bringt. / Gibt es etwas* **Schöneres** */ als die* **Aussicht** *auf einen Tag voller* **Herausforderungen** *, /* **interessanter** *Menschen und kleiner* **Abenteuer** *? / Wer im Beruf* **Leistung** *bringen will, / muss* **ihn** *mögen. / Zu jedem Menschen passt ein bestimmter Job. / Wie aber findet man* **heutzutage** *den* **richtigen** *? / Ein neuer* **Trend** *auf diesem Gebiet / ist das* **Bewerben** *per Mausklick, / das* **mittlerweile** *viele Betriebe bevorzugen. /* **Klappt** *es nicht auf* **Anhieb** *, / darf man nicht in* **Panik** *verfallen. / Nicht* **aufgeben** *heißt die* **Devise** *.*

(88 Wörter)

- Setze die fehlenden Wörter in die Lücken ein.
- Schlage in Zweifelsfällen im Wörterbuch nach. Du hast zur Verbesserung fünf Minuten Zeit. (10 P.)

❷ Übungsschwerpunkte

① Suche neun Wörter, die nach kurzem Vokal einen doppelten Mitlaut haben. Dazu gehören auch „ck" (statt kk). (4,5 P.)

wissen, Wecker, voll, passt, bestimmt, Mausklick, mittlerweile, klappt, verfallen

② Das langgesprochene „i" wird meist mit „ie" geschrieben. Finde drei Wörter. (1,5 P.)

Gebiet, Betrieb, Anhieb

③ Finde zu dem vorgegebenen Wort jeweils drei weitere Reimwörter. (6 P.)

Interesse:	Wecker:	klappen:	setzen:
Presse	**Entdecker**	**Lappen**	**verletzen**
Messe	**Stecker**	**Wappen**	**Fetzen**
Adresse u. a.	**lecker u. a.**	**schnappen u. a.**	**hetzen u. a.**

④ Suche zu „interessant" zwei verwandte Wörter. (2 P.)

das Interesse, interessieren, (der Interessent)

❸ Welche Lösungsstrategie trifft an der gekennzeichneten Stelle zu? Kreuze an. (3 P.)

etwas **S**chö-neres
- O Ich bilde die Steigerungsform.
- ⊗ Ich beachte das Signalwort.
- O Ich verlängere das Wort.
- O Ich bilde die Grundform.

pa**ss**t
- O Ich achte auf die Endung.
- O Ich überprüfe die Wortart.
- ⊗ Ich bilde die Grundform.
- O Ich beachte die Wortbausteine.

intere**ss**ant
- O Ich überprüfe die Wortart.
- O Ich beachte das Signalwort.
- O Ich bilde die Grundform.
- ⊗ Ich suche ein verwandtes Wort.

RS	Name: ______________________________	Datum: ________________	

❹ Im folgenden Text sind acht Wörter falsch geschrieben. Streiche diese im Text durch und schreibe sie fehlerfrei darüber. (8 P.)

Häufig findet sich eine Möglichkeit zum Berufseinstieg über Praktikum oder Hobby. So ergibt sich vieleicht die Schanze, irgend wann einmal seinen Traumjob zu landen. Vorraussetzung ist allerdings, das man etwas dafür tut. Nicht selten nehmen deshalb Menschen sogar einen umzug in kauf. Flech-sibilität und Mobilität sind gefragt.

❺ Setze im Text unten die sieben fehlenden Satzzeichen und ein Auslassungszeichen ein. (4 P.)

Wer auf Jobsuche ist muss sich gut umhören Wo werden Ausbildungs oder Arbeitsplätze angeboten Anschließend ist eine gut formulierte übersichtliche und aussagekräftige Bewerbung wichtig Dabei sollte man nicht übertreiben seine Fähigkeiten und Kenntnisse jedoch deutlich herausstellen

❻ Kreuze jeweils an, was richtig ist. (2 P.)

O spezialisierte Arbeitkräfte
O speziallisierte Arbeitskräfte
O spezialisierte Arbeitskräfte

O Mobilität und Flechsibilität im Beruf
O Mobilität und Flexibilität im Beruf
O Mobilietät und Flexibielität im Beruf

❼ Welche Fremdwörter in den Texten haben die angegebene Bedeutung? (8 P.)

____________________ (Gelegenheits)Arbeit, Beschäftigung
____________________ Richtung, Tendenz
____________________ plötzliches Erschrecken; allgemeine Verwirrung
____________________ günstige Gelegenheit
____________________ Steckenpferd; Liebhaberei
____________________ Wahlspruch
____________________ Beweglichkeit; Häufigkeit des Wohnsitzwechsels
____________________ Biegsamkeit, Elastizität; Anpassungsfähigkeit

❽ Unregelmäßige Verben: Setze in die Tabelle ein, was fehlt. (6 P.)

Infinitiv	Gegenwart	1. Vergangenheit	2. Vergangenheit	Nomen dazu
finden	du ____________	er ____________	er ______________	______________
fallen	du ____________	er ____________	er ______________	______________
bieten	du ____________	er ____________	er ______________	______________

Gesamtpunkte:
54 P.

Lösung

❹ Im folgenden Text sind acht Wörter falsch geschrieben. Streiche diese im Text durch und schreibe sie fehlerfrei darüber. (8 P.)

Häufig findet sich eine Möglichkeit zum Berufseinstieg über Praktikum oder Hobby. So ergibt sich

vielleicht **Chance** **irgendwann** **Voraussetzung**
~~vieleicht~~ die ~~Schanze~~, ~~irgend wann~~ einmal seinen Traumjob zu landen. ~~Vorraussetzung~~ ist allerdings,

dass **Umzug** **Kauf** **Flexi-**
~~das~~ man etwas dafür tut. Nicht selten nehmen deshalb Menschen sogar einen ~~umzug~~ in ~~kauf~~. ~~Flech-~~

bilität
~~sibilität~~ und Mobilität sind gefragt.

❺ Setze im Text unten die sieben fehlenden Satzzeichen und ein Auslassungszeichen ein. (4 P.)

Wer auf Jobsuche ist, muss sich gut umhören. Wo werden Ausbildungs- oder Arbeitsplätze angeboten. Anschließend ist eine gut formulierte, übersichtliche und aussagekräftige Bewerbung wichtig. Dabei sollte man nicht übertreiben, seine Fähigkeiten und Kenntnisse jedoch deutlich herausstellen.

❻ Kreuze jeweils an, was richtig ist. (2 P.)

O spezialisierte Arbeitkräfte
O speziallisierte Arbeitskräfte
☒ spezialisierte Arbeitskräfte

O Mobilität und Flechsibilität im Beruf
☒ Mobilität und Flexibilität im Beruf
O Mobilietät und Flexibielität im Beruf

❼ Welche Fremdwörter in den Texten haben die angegebene Bedeutung? (8 P.)

der Job	(Gelegenheits)Arbeit, Beschäftigung
der Trend	Richtung, Tendenz
die Panik	plötzliches Erschrecken; allgemeine Verwirrung
die Chance	günstige Gelegenheit
das Hobby	Steckenpferd; Liebhaberei
die Devise	Wahlspruch
die Mobilität	Beweglichkeit; Häufigkeit des Wohnsitzwechsels
die Flexibilität	Biegsamkeit, Elastizität; Anpassungsfähigkeit

❽ Unregelmäßige Verben: Setze in die Tabelle ein, was fehlt. (6 P.)

Infinitiv	Gegenwart	1. Vergangenheit	2. Vergangenheit	Nomen dazu
finden	du **findest**	er **fand**	er **hat gefunden**	**der Fund**
fallen	du **fällst**	er **fiel**	er **ist gefallen**	**der Fall**
bieten	du **bietest**	er **bot**	er **hat geboten**	**das Gebot**

Gesamtpunkte:
54 P.

RS	Name: ______________________	Datum: ______________	

❶ Diktat

Rettet die Umwelt

Die ______antwortung für die Umwelt / liegt nicht nur bei Politikern und Industrie. / Sie liegt in entscheiden_______ Ma___e / auch beim Kleinverbraucher. / Wer beispiel___weise beim ___inkaufen Geräte ausw____lt, / die wenig Energie verbrauchen, / entlastet die Umwelt und schont auch noch seinen Geldb_____tel. / Noch fehlt bei ___ielen ___onsumenten / das ____________sein oder die ________nis darüber, / wie sehr eine nach______ig _________worfene Ba___erie / den Boden vergiftet. / Ist es Be____emlichkeit, Faulheit / oder gar ein ___angel an Verantwortung, / wenn man den alten Fernseher____werden will / und i____ dann irgendwo auf eine wilde Müllki____e wirft ___

(89 Wörter)

- Setze die fehlenden Buchstaben, Silben oder Zeichen in die Lücken ein.
- Schlage in Zweifelsfällen im Wörterbuch nach. Du hast zur Verbesserung drei Minuten Zeit. (10 P.)

❷ Übungsschwerpunkte

① Suche sechs Wörter, die nach kurzem Vokal einen doppelten Mitlaut haben. (3 P.)

____

② Finde sechs Wörter mit Nachsilben. (3 P.)

____

③ Finde fünf Wörter mit Vorsilben. (2,5 P.)

____

④ Drei Fremdwörter aus dem Diktattext haben am Wortende ein „ie“. (1,5 P.)

____

❸ Welche Lösungsstrategie trifft an der gekennzeichneten Stelle zu? Kreuze an. (3 P.)

Ke**nn**tnis
- O Ich achte auf die Endung.
- O Ich suche ein verwandtes Wort.
- O Ich verlängere das Wort.
- O Ich überprüfe die Wortart.

Wirkung
- O Ich setze das Wort in die Mehrzahl.
- O Ich suche ein verwandtes Wort.
- O Ich bilde die Grundform.
- O Ich beachte die Nachsilbe.

beispiel**s**weise
- O Ich zerlege das Wort in seine Wortbausteine.
- O Ich steigere das Wort.
- O Ich beachte das Fugen-s und schreibe zusammen.
- O Ich suche ein verwandtes Wort.

Welche Strategien kannst du verwenden, um dieses Wort richtig zu schreiben? (1 P.)

Scha**d**sto**ff**
- O Ich beachte das Signalwort.
- O Ich verdopple nach kurzem Vokal den Mitlaut.
- O Ich beachte die Endung.
- O Ich trenne das Wort, um verlängern zu können.
- O Ich steigere das Wort.

Lösung

❶ Diktat

Rettet die Umwelt

Die __Ver__ antwortung für die Umwelt / liegt nicht nur bei Politikern und Industrie. / Sie liegt in entscheiden__dem__ Ma__ß__e / auch beim Kleinverbraucher. / Wer beispiel__s__weise beim __E__inkaufen Geräte ausw__äh__lt, / die wenig Energie verbrauchen, / entlastet die Umwelt und schont auch noch seinen Geldb__eu__tel. / Noch fehlt bei __v__ielen __K__onsumenten / das __Bewusst__ sein oder die __Kennt__nis darüber, / wie sehr eine nach__läss__ig __wegge__ worfene Ba__tt__erie / den Boden vergiftet. / Ist es Be__qu__emlichkeit, Faulheit / oder gar ein __M__angel an Verantwortung, / wenn man den alten Fernseher __los__ werden will / und i__hn__ dann irgendwo auf eine wilde Müllki__pp__e wirft __?__

(89 Wörter)

• Setze die fehlenden Buchstaben, Silben oder Zeichen in die Lücken ein.

• Schlage in Zweifelsfällen im Wörterbuch nach. Du hast zur Verbesserung drei Minuten Zeit. (10 P.)

❷ Übungsschwerpunkte

① Suche sechs Wörter, die nach kurzem Vokal einen doppelten Mitlaut haben. (3 P.)

retten, Bewusstsein, Kenntnis, Batterie, Müllkippe, nachlässig

② Finde sechs Wörter mit Nachsilben. (3 P.)

Verantwortung, Kenntnis, Bequemlichkeit, Faulheit, wenig, nachlässig

③ Finde fünf Wörter mit Vorsilben. (2,5 P.)

Verantwortung, entscheidend, verbrauchen, entlasten, vergiften

④ Drei Fremdwörter aus dem Diktattext haben am Wortende ein „ie“. (1,5 P.)

Industrie, Energie, Batterie

❸ Welche Lösungsstrategie trifft an der gekennzeichneten Stelle zu? Kreuze an. (3 P.)

Ke**nn**tnis
- O Ich achte auf die Endung.
- ⊗ Ich suche ein verwandtes Wort.
- O Ich verlängere das Wort.
- O Ich überprüfe die Wortart.

Wirkung
- O Ich setze das Wort in die Mehrzahl.
- O Ich suche ein verwandtes Wort.
- O Ich bilde die Grundform.
- ⊗ Ich beachte die Nachsilbe.

beispiel**s**weise
- O Ich zerlege das Wort in seine Wortbausteine.
- O Ich steigere das Wort.
- ⊗ Ich beachte das Fugen-s und schreibe zusammen.
- O Ich suche ein verwandtes Wort.

Welche Strategien kannst du verwenden, um dieses Wort richtig zu schreiben? (1 P.)

Scha**d**stoff
- O Ich beachte das Signalwort.
- ⊗ Ich verdopple nach kurzem Vokal den Mitlaut.
- O Ich beachte die Endung.
- ⊗ Ich trenne das Wort, um verlängern zu können.
- O Ich steigere das Wort.

RS	Name: ______________________	Datum: ______________	

❹ Im folgenden Text sind acht Wörter falsch geschrieben. Streiche diese im Text durch und schreibe sie fehlerfrei darüber. (8 P.)

Ersticken wir bald an der Luft, die wir atmen? Müßen wir täglich fürchten, auch mit Lebensmitteln vergiftet zu werden? Über die Umwelt verbreiten die medien allzugerne Katastrofenberichte und tragen damit zu Eksistenzangst und Hilflosigkeit bei, weil der Leie nicht immer durchschaut, wie Industrie, Chemie und Verkehr und ihre wirkungen auf die Natur zusammen hängen.

❺ Setze im Text unten die sechs fehlenden Satzzeichen ein. (3 P.)

Um es noch einmal deutlich zu sagen Es darf nicht gleichgültig hingenommen werden dass die Schadstoffemissionen der Industrie sinken gleichzeitig aber Energieverbrauch und Naturbelastung durch Individualverkehr durch unüberlegte nachlässige Gewohnheiten der Menschen und durch Bequemlichkeit steigen

❻ Kreuze jeweils an, was richtig ist. (3 P.)

O ökologische Fachkentnisse	O vermeitbares Herzrisiko	O unreflektiertes Verhalten
O ökologische Fachkenntnisse	O vermeidbares Herzriesiko	O unreflektiertes verhalten
O öckologische Fachkenntnisse	O vermeidbares Herzrisiko	O unreflecktiertes Verhalten

❼ Welche Fremdwörter in den Texten haben die angegebene Bedeutung? (4 P.)

______________________ Leben, Vorhandensein

______________________ Unheil, großes Unglück

______________________ Ausstoß in die Luft

______________________ der Einzelne

❽ Verbindungen aus Adverb + Verb wie z. B. wegwerfen, loswerden, zusammenhängen werden zusammengeschrieben. Finde zu jedem Adverb unten zwei zusammengesetzte Verben. (13 P.)

- fort-: ______________________
- hinaus-: ______________________
- herein-: ______________________
- vorbei-: ______________________
- davon-: ______________________
- abwärts-: ______________________
- wider-: ______________________
- hinterher-: ______________________
- herab-: ______________________
- wieder-: ______________________
- zurück-: ______________________
- zusammen-: ______________________
- auseinander-: ______________________

Gesamtpunkte: 55 P.

Lösung

❹ Im folgenden Text sind acht Wörter falsch geschrieben. Streiche diese im Text durch und schreibe sie fehlerfrei darüber. (8 P.)

Müssen
Ersticken wir bald an der Luft, die wir atmen? ~~Müßen~~ wir täglich fürchten, auch mit Lebensmitteln

Medien allzu gerne Katastrophenberichte
vergiftet zu werden? Über die Umwelt verbreiten die ~~medien~~ ~~allzugerne~~ ~~Katastrofenberichte~~ und

Existenzangst **Laie**
tragen damit zu ~~Eksistenzangst~~ und Hilflosigkeit bei, weil der ~~Leie~~ nicht immer durchschaut, wie In-

Wirkungen **zusammenhängen**
dustrie, Chemie und Verkehr und ihre ~~wirkungen~~ auf die Natur ~~zusammen hängen~~.

❺ Setze im Text unten die sechs fehlenden Satzzeichen ein. (3 P.)

*Um es noch einmal deutlich zu sagen**:** Es darf nicht gleichgültig hingenommen werden**,** dass die Schadstoffemissionen der Industrie sinken**,** gleichzeitig aber Energieverbrauch und Naturbelastung durch Individualverkehr**,** durch unüberlegte**,** nachlässige Gewohnheiten der Menschen und durch Bequemlichkeit steigen**.***

❻ Kreuze jeweils an, was richtig ist. (3 P.)

O ökologische Fachkentnisse	O vermeitbares Herzrisiko	☒ unreflektiertes Verhalten
☒ ökologische Fachkenntnisse	O vermeidbares Herzriesiko	O unreflektiertes verhalten
O öckologische Fachkenntnisse	☒ vermeidbares Herzrisiko	O unreflecktiertes Verhalten

❼ Welche Fremdwörter in den Texten haben die angegebene Bedeutung? (4 P.)

die Existenz	Leben, Vorhandensein
die Katastrophe	Unheil, großes Unglück
die Emission	Ausstoß in die Luft
das Individuum	der Einzelne

❽ Verbindungen aus Adverb + Verb wie z. B. wegwerfen, loswerden, zusammenhängen werden zusammengeschrieben. Finde zu jedem Adverb unten zwei zusammengesetzte Verben. (13 P.)

- fort-: **fortsetzen, fortführen**
- hinaus-: **hinauswerfen, hinausschauen**
- herein-: **hereinkommen, hereinplatzen**
- vorbei-: **verbeigehen, vorbeirasen**
- davon-: **davonreiten, davonkommen**
- abwärts-: **abwärtsfahren, abwärtsblicken**
- wider-: **widersprechen, widerrufen**
- hinterher-: **hinterherschauen, hinterherlaufen**
- herab-: **herabsteigen, herabstürzen**
- wieder-: **wiederholen, wiederkäuen**
- zurück-: **zurückbleiben, zurückkehren**
- zusammen-: **zusammenfassen, zusammenbringen**
- auseinander-: **auseinanderreißen, auseinanderrücken**

Gesamtpunkte:
55 P.

Prüfungsdiktate

1. Teil: Das modifizierte Diktat

- 1. Diktat: Sturzhelme auch für Radfahrer? (68 Wörter)
- 2. Diktat: Kein Augenmaß im Management (73 Wörter)
- 3. Diktat: Sich kranklachen für ein gesundes Leben (73 Wörter)
- 4. Diktat: Das Vorstellungsgespräch (76 Wörter)
- 5. Diktat: Wahlrecht für Sechzehnjährige (84 Wörter)

Diese fünf Diktate sollen die Prüfungssituation simulieren und stehen auf der Seite 60 dieses Buches. Die Lehrkraft kann eines davon auswählen und den Schülern in einem Zeitraum von zehn Minuten auf ein liniertes DIN A 4 - Blatt diktieren. Anschließend haben die Schüler fünf Minuten Zeit, mithilfe des Wörterbuches rechtschriftliche Probleme nachzuschlagen und zu beseitigen. Danach werden die Diktate und die Wörterbücher eingesammelt.
Für das Diktat stehen maximal 10 Punkte zur Verfügung. Bei Fehlern wird diese Punktzahl reduziert. Das verbleibende „Punkte-Guthaben" wird zur erreichten Punktzahl des Theorieblocks addiert. Aus der Gesamtpunktzahl resultiert die Rechtschreibnote, die ein Drittel der Gesamtdeutschnote ausmacht.

2. Teil: Der Theorieblock

Nach dem Diktat erhalten die Schüler ein Blatt, auf welchem sie bestimmte Fälle der Rechtschreibung innerhalb von 15 Minuten bearbeiten müssen. Auch hier wird die Prüfungssituation simuliert. Dabei dürfen keine Hilfsmittel verwendet werden.
Zu jedem Diktattext passt ein Theorieblatt:

- Theorieblatt zum 1. Diktat (S. 61) + Lösung (S. 62)
- Theorieblatt zum 2. Diktat (S. 63) + Lösung (S. 64)
- Theorieblatt zum 3. Diktat (S. 65) + Lösung (S. 66)
- Theorieblatt zum 4. Diktat (S. 67) + Lösung (S. 68)
- Theorieblatt zum 5. Diktat (S. 69) + Lösung (S. 70)

Die maximal zu erreichende Punktzahl im Theorieblock beträgt 18 Punkte. Insgesamt sind demnach in der Rechtschreibprüfung 28 Punkte zu erreichen.
Den Notenschlüssel finden Sie bei den Vorbemerkungen auf der Seite 3 dieses Buches.

Prüfungsdiktate

1. Prüfungsdiktat

Sturzhelme auch für Radfahrer?

Mofa- und Motorradfahrer / kann man sich heutzutage / ohne Schutzhelm kaum mehr vorstellen. / Bei Radfahrern mutet er noch immer etwas exotisch an, / obwohl er eigentlich eine Selbstverständlichkeit sein sollte. / Wer glaubt, / dass das Tragen von Fahrradhelmen überflüssig sei, / sollte die Unfallzahlen aufmerksam studieren. / Statistiken zeigen, / dass durchschnittlich in den Bundesländern fast jeder elfte Verkehrstote / ein Radfahrer war. / In den meisten Fällen / führten Kopfverletzungen zum Tode.

(68 Wörter)

2. Prüfungsdiktat

Kein Augenmaß im Management

Die satte Erhöhung von Vorstandsgehältern / ist angesichts von Massenentlassungen schon dreist. / Wollen wir Kapitalismus oder soziale Marktwirtschaft? / Wenn die Verantwortlichen der Wirtschaft / nicht mehr das Gemeinwohl, / sondern nur persönliches Bereichern im Blick haben, / kommt das System ins Schwanken. / Ein deutscher Bischof forderte deshalb: / „Nur diejenigen Manager sollten mehr verdienen, / die auch Arbeitsplätze erhalten.“ / Ein guter Unternehmer hält seinen Betrieb so leistungsfähig, / dass er auch zukünftig genügend Arbeitsplätze anbieten kann.

(73 Wörter)

3. Prüfungsdiktat

Sich kranklachen für ein gesundes Leben

Für Wissenschaftler ist das Lachen eine ernste Angelegenheit. / Ihre Forschungen belegen, / dass das Lachen gesund ist und Spaß macht. / Wer in lachende Augen blickt, / spürt Nähe, denn das Lachen schafft Verbindung, / überwindet Distanz und steckt an. / Heiterkeit ist nicht nur eines der Sicherheitsventile des Körpers / und der größte Feind des Stresses, / sondern auch soziale Kommunikation. / Gemeinsames Lachen löst Spannungen, / bringt Menschen einander näher / und reißt Barrieren ein.

(73 Wörter)

4. Prüfungsdiktat

Das Vorstellungsgespräch

Du hast einen Bewerbungstermin erhalten. / Jetzt kommt es darauf an, / diese letzte Hürde zum ersehnten Ausbildungsplatz zu nehmen / und einen Vertragsabschluss zu erzielen. / Wer kann sich vor einem Bewerbungsgespräch / schon so sicher fühlen, / dass er genau zum richtigen Zeitpunkt / topfit auftreten wird? / Aber: Man kann sich speziell darauf vorbereiten. / Eine Frage wird mit größter Wahrscheinlichkeit kommen: / „Warum wollen Sie gerade diesen Beruf ergreifen?“ / Wer darauf keine fundierte Antwort parat hat, / hat kaum noch Chancen.

(76 Wörter)

5. Prüfungsdiktat

Wahlrecht für Sechzehnjährige (16-Jährige)

Mit 16 Jahren ist man bereits strafmündig / und in diesem Alter arbeiten schon viele Jugendliche. / Bloß wählen dürfen sie bisher nicht. / Anders in Berlin. / Hier waren bereits 62 000 Jugendliche aufgerufen, / zur Wahl zu gehen. / Das ist ein guter Tag für alle Erstwähler. / Sie üben Demokratie hautnah / und können so früh wie möglich selbst bestimmen, / wer für sie Politik machen soll. / In einer Zeit, / in der die Zahl der älteren Wahlberechtigten / immer größer wird, / kann das Anwachsen junger Wähler nur recht sein.

(84 Wörter)

RS	Name: ______________________	Datum: ______________	

Theorieblock: Sturzhelme auch für Radfahrer?

❶ Welche Lösungsstrategie trifft an der gekennzeichneten Stelle zu? Kreuze an. 3

Fah**rr**ad
- O Ich achte auf die Endung.
- O Ich beachte die Nahtstelle.
- O Ich suche ein verwandtes Wort.
- O Ich überprüfe die Wortart.

das **T**ragen
- O Ich achte auf den Vokal.
- O Ich überprüfe die Wortart.
- O Ich bilde die Grundform.
- O Ich beachte das Signalwort.

h**äu**fig
- O Ich zerlege das Wort in seine Wortbausteine.
- O Ich verlängere das Wort.
- O Ich beachte das Signalwort.
- O Ich suche ein verwandtes Wort.

❷ Im folgenden Text sind acht Wörter falsch geschrieben. Streiche diese im Text durch und schreibe sie fehlerfrei darüber. 4

Berücksichtigt man ausserdem, das gerade bei Kindern und Jugentlichen der Sturtz vom Fahrrad zu den häufigsten Verlezungsursachen zählt, so wird besonders deutlich, wie wichtig für Sie dieser Kopfschutz ist. Allerdings kommt es darrauf an, den richtigen Helm aus zu wählen.

❸ Setze im Text unten die acht fehlenden Satzzeichen ein. 4

Statistiken die man in den Vereinigten Staaten auswertete brachten aufschlussreiche Resultate Danach ist das Risiko einer schweren Kopfverletzung um 85 Prozent geringer wenn man einen Schutzhelm trägt Ein Problem bleibt aber noch Wie bringt man Radfahrer dazu den Helm konsequent zu tragen

❹ Kreuze an, welcher Satz richtig geschrieben ist. 1

- O Ein perfekt sitzender Helm schützt vor lebensgefährlichen Schädelbasisbrüchen.
- O Ein perfeckt sitzender Helm schützt vor lebensgefährlichen Schedelbasisbrüchen.
- O Ein perfekt sitzender Helm schützt vor lebengefährlichen Schädelbasisbrüchen.

❺ Welche Fremdwörter im Text oben haben die angegebene Bedeutung? 4

______________________ Wagnis, Gefahr

______________________ Ergebnis

______________________ zahlenmäßige Erfassung; Darstellung von Daten in Tabellen

______________________ folgerichtig; beständig, beharrlich

❻ Setze richtig ein: „das“ oder „dass“? 2

Wir alle wissen, ________ ein Sturzhelm Leben retten kann. Und ________ kommt nicht von ungefähr. Jedes Kind, ________ einen Fahrradhelm trägt, verringert ________ Risiko einer schweren Kopfverletzung um 85 Prozent.

18

Lösung

Theorieblock: Sturzhelme auch für Radfahrer?

❶ Welche Lösungsstrategie trifft an der gekennzeichneten Stelle zu? Kreuze an. 3

Fahr**rr**ad
- O Ich achte auf die Endung.
- ⊗ Ich beachte die Nahtstelle.
- O Ich suche ein verwandtes Wort.
- O Ich überprüfe die Wortart.

das **T**ragen
- O Ich achte auf den Vokal.
- O Ich überprüfe die Wortart.
- O Ich bilde die Grundform.
- ⊗ Ich beachte das Signalwort.

h**äu**fig
- O Ich zerlege das Wort in seine Wortbausteine.
- O Ich verlängere das Wort.
- O Ich beachte das Signalwort.
- ⊗ Ich suche ein verwandtes Wort.

❷ Im folgenden Text sind acht Wörter falsch geschrieben. Streiche diese im Text durch und schreibe sie fehlerfrei darüber. 4

Berücksichtigt man ~~ausserdem~~ **außerdem***, ~~das~~* **dass** *gerade bei Kindern und ~~Jugentlichen~~* **Jugendlichen** *der ~~Sturtz~~* **Sturz** *vom Fahrrad zu den häufigsten ~~Verletungsursachen~~* **Verletzungsursachen** *zählt, so wird besonders deutlich, wie wichtig für ~~Sie~~* **sie** *dieser Kopfschutz ist. Allerdings kommt es ~~darrauf~~* **darauf** *an, den richtigen Helm ~~aus zu wählen~~* **auszuwählen***.*

❸ Setze im Text unten die acht fehlenden Satzzeichen ein. 4

*Statistiken**,** die man in den Vereinigten Staaten auswertete**,** brachten aufschlussreiche Resultate**.** Danach ist das Risiko einer schweren Kopfverletzung um 85 Prozent geringer**,** wenn man einen Schutzhelm trägt**.** Ein Problem bleibt aber noch**:** Wie bringt man Radfahrer dazu**,** den Helm konsequent zu tragen**?***

❹ Kreuze an, welcher Satz richtig geschrieben ist. 1

- ⊗ Ein perfekt sitzender Helm schützt vor lebensgefährlichen Schädelbasisbrüchen.
- O Ein perfekt sitzender Helm schützt vor lebensgefährlichen Schedelbasisbrüchen.
- O Ein perfekt sitzender Helm schützt vor lebengefährlichen Schädelbasisbrüchen.

❺ Welche Fremdwörter im Text oben haben die angegebene Bedeutung? 4

das Risiko	Wagnis, Gefahr
das Resultat	Ergebnis
die Statistik	zahlenmäßige Erfassung; Darstellung von Daten in Tabellen
konsequent	folgerichtig; beständig, beharrlich

❻ Setze richtig ein: „das“ oder „dass“? 2

Wir alle wissen, **dass** ein Sturzhelm Leben retten kann. Und **das** kommt nicht von ungefähr. Jedes Kind, **das** einen Fahrradhelm trägt, verringert **das** Risiko einer schweren Kopfverletzung um 85 Prozent.

18

RS	Name: ______________________	Datum: ______________	

Theorieblock: Kein Augenmaß im Management

❶ Welche Lösungsstrategie trifft an der gekennzeichneten Stelle zu? Kreuze an. 3

Ma**ss**enentla**ss**ung
- O Ich zerlege das Wort in seine Wortbausteine.
- O Ich beachte die Nachsilbe.
- O Ich verdopple nach kurz gesprochenem Vokal den Mitlaut.
- O Ich suche ein verwandtes Wort.

ins **S**chwanken
- O Ich verlängere das Wort.
- O Ich suche ein verwandtes Wort.
- O Ich bilde die Grundform.
- O Ich beachte das Signalwort.

leistungsfähig
- O Ich beachte den Fugenbaustein.
- O Ich verlängere das Wort.
- O Ich beachte die Nachsilbe.
- O Ich suche ein verwandtes Wort.

❷ Im folgenden Text sind acht Wörter falsch geschrieben. Streiche diese im Text durch und schreibe sie fehlerfrei darüber. 4

Man kann nicht nach vollziehen, wenn einerseits Arbeitnehmer immer wieder opfer abverlangt, mit Massenentlassungen getroht oder diese gar realisiert werden. Auf der anderen Seite werden gleichzeitig Vorstandgehälter um zwei stellige Prozentsätze angehoben. Das ist verwerfflich und Geschmacklos.

❸ Setze im Text unten die acht fehlenden Satzzeichen ein. 4

Es ist instinktlos wenn Gehälter um 30 Prozent angehoben werden Und das in Zeiten wo es vielen Menschen darum geht ihre Existenz mit einem Mindestlohn zu sichern Von verantwortlichen Managern kann man verlangen dass die von hart arbeitenden Menschen erzielten Profite auch im Interesse derjenigen verwendet werden die sie erwirtschaftet haben

❹ Kreuze jeweils an, was richtig geschrieben ist. 2

O Geld gierige Managerbosse	O vorrausgesetzte Mindeslöhne
O geldgierige Managerboße	O vorausgesetzte Mindestlöhne
O geldgierige Managerbosse	O vorausgesetzte Mindeslöhne

❺ Welche Fremdwörter im Text oben haben die angegebene Bedeutung? 5

______________________ Aufmerksamkeit, Neigung

______________________ Leiter (eines Unternehmens); Betreuer

______________________ taktlos, ohne Feingefühl

______________________ Gewinn, Nutzen

______________________ Leben, Dasein; Lebensunterhalt

18

Lösung

Theorieblock: Kein Augenmaß im Management

❶ Welche Lösungsstrategie trifft an der gekennzeichneten Stelle zu? Kreuze an. 3

Ma**ss**enentla**ss**ung
- O Ich zerlege das Wort in seine Wortbausteine.
- O Ich beachte die Nachsilbe.
- ⊗ Ich verdopple nach kurz gesprochenem Vokal den Mitlaut.
- O Ich suche ein verwandtes Wort.

ins **S**chwanken
- O Ich verlängere das Wort.
- O Ich suche ein verwandtes Wort.
- O Ich bilde die Grundform.
- ⊗ Ich beachte das Signalwort.

leistungsfähig
- O Ich beachte den Fugenbaustein.
- O Ich verlängere das Wort.
- ⊗ Ich beachte die Nachsilbe.
- O Ich suche ein verwandtes Wort.

❷ Im folgenden Text sind acht Wörter falsch geschrieben. Streiche diese im Text durch und schreibe sie fehlerfrei darüber. 4

Man kann nicht ~~nach vollziehen~~ **nachvollziehen***, wenn einerseits ~~Arbeitnehmer~~* **Arbeitnehmern** *immer wieder ~~opfer~~* **Opfer** *abverlangt, mit Massenentlassungen ~~getroht~~* **gedroht** *oder diese gar realisiert werden. Auf der anderen Seite werden gleichzeitig ~~Vorstandgehälter~~* **Vorstandsgehälter** *um ~~zwei stellige~~* **zweistellige** *Prozentsätze angehoben. Das ist ~~verwerflich~~* **verwerflich** *und ~~Geschmacklos~~* **geschmacklos***.*

❸ Setze im Text unten die acht fehlenden Satzzeichen ein. 4

Es ist instinktlos, wenn Gehälter um 30 Prozent angehoben werden. Und das in Zeiten, wo es vielen Menschen darum geht, ihre Existenz mit einem Mindestlohn zu sichern. Von verantwortlichen Managern kann man verlangen, dass die von hart arbeitenden Menschen erzielten Profite auch im Interesse derjenigen verwendet werden, die sie erwirtschaftet haben.

❹ Kreuze jeweils an, was richtig geschrieben ist. 2

O Geld gierige Managerbosse	O vorrausgesetzte Mindeslöhne
O geldgierige Managerboße	⊗ vorausgesetzte Mindestlöhne
⊗ geldgierige Managerbosse	O vorausgesetzte Mindeslöhne

❺ Welche Fremdwörter im Text oben haben die angegebene Bedeutung? 5

das Interesse	Aufmerksamkeit, Neigung
der Manager	Leiter (eines Unternehmens); Betreuer
instinktlos	taktlos, ohne Feingefühl
der Profit	Gewinn, Nutzen
die Existenz	Leben, Dasein; Lebensunterhalt

18

RS	Name: ______________________________	Datum: __________________	

Theorieblock: Sich kranklachen für ein gesundes Leben

❶ Welche Lösungsstrategie trifft an der gekennzeichneten Stelle zu? Kreuze an. 3

gest**ä**rkt
- O Ich überprüfe die Wortart.
- O Ich achte auf die Endung.
- O Ich beachte die Vorsilbe.
- O Ich suche ein verwandtes Wort.

na**h**
- O Ich beachte die Endung.
- O Ich verlängere das Wort.
- O Ich achte auf die Wortart.
- O Ich zerlege das Wort.

das **L**achen
- O Ich achte auf die Endung.
- O Ich verlängere das Wort.
- O Ich beachte das Signalwort.
- O Ich überprüfe die Wortart.

❷ Im folgenden Text sind sechs Wörter falsch geschrieben. Streiche diese im Text durch und schreibe sie fehlerfrei darüber. 3

Beim lachen beschleunigt sich der Herzschlag kurzfristig, verlangsamt sich danach aber deutlich. Das entspannt die Aterien und senkt den Blutdruck. Nun setzt umgekehrt eine tiefe Entspannung ein und Streßhormone werden abgebaut. Die Immumabwehr des Körpers wird dabei gestärkt. Diese Positive Ganzkörperwirkung wird zunehmend terapeutisch genutzt.

❸ Setze im Text unten die acht fehlenden Satzzeichen ein. 4

Ein Vergleich dazu Ein Lachanfall ist wie inneres Joggen denn 80 Muskeln werden angespannt und wieder gelockert die Atmung wird angeregt die Lungenflügel weiten sich und nehmen mehr Sauerstoff auf als gewöhnlich Die Muskulatur wird stark durchblutet das Zwerchfell hüpft massiert die inneren Organe und regt die Verdauung an

❹ Kreuze jeweils an, was richtig geschrieben ist. 2

O Psüchologen testen Humorterapien	O eine heitere Lebensperspecktive vermitteln
O Psychologen testen Humortherapien	O eine heitere Lebenperspektive vermitteln
O Psychologen testen Humorterapien	O eine heitere Lebensspektive vermitteln

❺ Welche Fremdwörter in den Texten oben haben die angegebene Bedeutung? 4

______________________ bejahend, optimistisch, vorteilhaft

______________________ unempfindlich; rechtlich unantastbar

______________________ anhaltende körperliche oder geistige Belastung

______________________ die Behandlung von Krankheiten betreffend

❻ Setze die angegebenen Verben in die 1. und 2. Vergangenheit. 2

er sinkt	er ____________________	er ____________________
du nimmst	du ____________________	du ____________________

18

Lösung

Theorieblock: Sich kranklachen für ein gesundes Leben

❶ Welche Lösungsstrategie trifft an der gekennzeichneten Stelle zu? Kreuze an. 3

gest**ä**rkt
O Ich überprüfe die Wortart.
O Ich achte auf die Endung.
O Ich beachte die Vorsilbe.
⊗ Ich suche ein verwandtes Wort.

na**h**
O Ich beachte die Endung.
⊗ Ich verlängere das Wort.
O Ich achte auf die Wortart.
O Ich zerlege das Wort.

das **L**achen
O Ich achte auf die Endung.
O Ich verlängere das Wort.
⊗ Ich beachte das Signalwort.
O Ich überprüfe die Wortart.

❷ Im folgenden Text sind sechs Wörter falsch geschrieben. Streiche diese im Text durch und schreibe sie fehlerfrei darüber. 3

Beim **Lachen** ~~*lachen*~~ *beschleunigt sich der Herzschlag kurzfristig, verlangsamt sich danach aber deutlich. Das entspannt die* **Arterien** ~~*Aterien*~~ *und senkt den Blutdruck. Nun setzt umgekehrt eine tiefe Entspannung ein und* **Stresshormone** ~~*Streßhormone*~~ *werden abgebaut. Die* **Immunabwehr** ~~*Immumabwehr*~~ *des Körpers wird dabei gestärkt. Diese* **positive** ~~*Positive*~~ *Ganzkörperwirkung wird zunehmend* **therapeutisch** ~~*terapeutisch*~~ *genutzt.*

❸ Setze im Text unten die acht fehlenden Satzzeichen ein. 4

Ein Vergleich dazu: Ein Lachanfall ist wie inneres Joggen, denn 80 Muskeln werden angespannt und wieder gelockert, die Atmung wird angeregt, die Lungenflügel weiten sich und nehmen mehr Sauerstoff auf als gewöhnlich. Die Muskulatur wird stark durchblutet, das Zwerchfell hüpft, massiert die inneren Organe und regt die Verdauung an.

❹ Kreuze jeweils an, was richtig geschrieben ist. 2

O Psüchologen testen Humorterapien
⊗ Psychologen testen Humortherapien
O Psychologen testen Humorterapien

O eine heitere Lebensperspecktive vermitteln
O eine heitere Lebenperspektive vermitteln
⊗ eine heitere Lebensperspektive vermitteln

❺ Welche Fremdwörter in den Texten oben haben die angegebene Bedeutung? 4

positiv – bejahend, optimistisch, vorteilhaft
immun – unempfindlich; rechtlich unantastbar
Stress – anhaltende körperliche oder geistige Belastung
therapeutisch – die Behandlung von Krankheiten betreffend

❻ Setze die angegebenen Verben in die 1. und 2. Vergangenheit. 2

er sinkt	er **sank**	er **ist gesunken**
du nimmst	du **nahmst**	du **hast genommen**

18

RS	Name: ____________________	Datum: ____________	

Theorieblock: Wahlrecht für Sechzehnjährige

❶ Welche Lösungsstrategie trifft an der gekennzeichneten Stelle zu? Kreuze an. 3

hautna**h**
- O Ich verlängere das Wort.
- O Ich beachte das Signalwort.
- O Ich bilde die Grundform.
- O Ich zerlege das Wort in seine Wortbausteine.

n**ä**mlich
- O Ich bilde die Grundform.
- O Ich steigere das Wort.
- O Ich verlängere das Wort.
- O Ich suche ein verwandtes Wort.

bestimmen ↑ können
- O Ich bilde die Grundform.
- O Ich suche ein verwandtes Wort.
- O Ich schreibe Wortverbindungen von Verb + Verb getrennt.
- O Ich achte auf die Endung.

❷ Im folgenden Text sind sechs Wörter falsch geschrieben. Streiche diese im Text durch und schreibe sie fehlerfrei darüber. 3

Was im kleinen gilt, muss auch im Großen gelten. Deshalb sollte das Wahlrecht ab 16 Jahren auf Bund und Länder ausgeweitet werden, damit sich jugendliche der Politik zuwänden. Das Wahlrecht sichert, das junge Menschen von der Politik ernstgenommen werden. Niemand kann mehr über ihre Köpfe hinwegentscheiden.

❸ Setze im Text unten die acht fehlenden Satzzeichen ein. 4

Warum sollen Parteien große und kleine sich nicht auch bei Bundestagswahlen um die Jungwähler bemühen Parteien handelt Führt das Wahlrecht ab 16 auch in Bund und Ländern ein Das garantiert am ehesten dass sich Heranwachsende nicht von der Politik abwenden sondern am demokratischen Geschehen interessiert sind

❹ Kreuze jeweils an, was richtig geschrieben ist. 2

O Nicht rechts und links radikal wählen!	O Wahlprobaganda ist oft äusserst unsachlich.
O Nicht rechts- und linksradikal wählen!	O Wahlprobaganda ist oft äußerst unsachlich.
O Nicht Recht- und Linksradikal wählen!	O Wahlpropaganda ist oft äußerst unsachlich.

❺ Welche Bedeutung haben die vier Fremdwörter unten? „Übersetze“ richtig. 4

Demokratie ____________________

garantieren ____________________

Politik ____________________

Interesse ____________________

❻ Steigere die beiden Adjektive unten. 2

viel ____________ ____________

schwach ____________ ____________

18

Lösung

Theorieblock: Wahlrecht für Sechzehnjährige

❶ Welche Lösungsstrategie trifft an der gekennzeichneten Stelle zu? Kreuze an. 3

hautna**h**
- ☒ Ich verlängere das Wort.
- O Ich beachte das Signalwort.
- O Ich bilde die Grundform.
- O Ich zerlege das Wort in seine Wortbausteine.

n**ä**mlich
- O Ich bilde die Grundform.
- O Ich steigere das Wort.
- O Ich verlängere das Wort.
- ☒ Ich suche ein verwandtes Wort.

bestimmen ↑ können
- O Ich bilde die Grundform.
- O Ich suche ein verwandtes Wort.
- ☒ Ich schreibe Wortverbindungen von Verb + Verb getrennt.
- O Ich achte auf die Endung.

❷ Im folgenden Text sind sechs Wörter falsch geschrieben. Streiche diese im Text durch und schreibe sie fehlerfrei darüber. 3

Was im ~~kleinen~~ **Kleinen** *gilt, muss auch im Großen gelten. Deshalb sollte das Wahlrecht ab 16 Jahren auf Bund und Länder ausgeweitet werden, damit sich ~~jugendliche~~* **Jugendliche** *der Politik ~~zuwänden~~* **zuwenden***. Das Wahlrecht sichert, ~~das~~* **dass** *junge Menschen von der Politik ~~ernstgenommen~~* **ernst genommen** *werden. Niemand kann mehr über ihre Köpfe ~~hinwegentscheiden~~* **hinweg entscheiden***.*

❸ Setze im Text unten die acht fehlenden Satzzeichen ein. 4

*Warum sollen Parteien**,** große und kleine**,** sich nicht auch bei Bundestagswahlen um die Jungwähler bemühen**.** Parteien handelt**!** Führt das Wahlrecht ab 16 auch in Bund und Ländern ein**!** Das garantiert am ehesten**,** dass sich Heranwachsende nicht von der Politik abwenden**,** sondern am demokratischen Geschehen interessiert sind**.***

❹ Kreuze jeweils an, was richtig geschrieben ist. 2

O Nicht rechts und links radikal wählen!	O Wahlprobaganda ist oft äusserst unsachlich.
☒ Nicht rechts- und linksradikal wählen!	O Wahlprobaganda ist oft äußerst unsachlich.
O Nicht Recht- und Linksradikal wählen!	☒ Wahlpropaganda ist oft äußerst unsachlich.

❺ Welche Bedeutung haben die vier Fremdwörter unten? „Übersetze“ richtig. 4

Demokratie	**Volksherrschaft**
garantieren	**bürgen, Sicherheit gewährleisten**
Politik	**Staatsführung; Führung und Erhaltung eines Gemeinwesens**
Interesse	**Aufmerksamkeit, Neigung**

❻ Steigere die beiden Adjektive unten. 2

viel	**mehr**	**am meisten**
schwach	**schwächer**	**am schwächsten**

18

RS	Name: ______________________	Datum: ______________	

Theorieblock: Das Vorstellungsgespräch

❶ Welche Lösungsstrategie trifft an der gekennzeichneten Stelle zu? Kreuze an. 3

w**ä**hlen
- O Ich verlängere das Wort.
- O Ich überprüfe die Wortart.
- O Ich suche ein verwandtes Wort.
- O Ich zerlege das Wort in seine Wortbausteine.

sein **A**uftreten
- O Ich achte auf die Endung.
- O Ich beachte das Signalwort.
- O Ich verlängere das Wort.
- O Ich suche ein verwandtes Wort.

beschäfti**gt**
- O Ich bilde die Grundform.
- O Ich überprüfe die Wortart.
- O Ich schreibe das langgesprochene i meist mit ie.
- O Ich achte auf die Endung.

❷ Im folgenden Text sind acht Wörter falsch geschrieben. Streiche diese im Text durch und schreibe sie fehlerfrei darüber. 4

Wer sich mit z. B. mit Produckten, Leistungen und Problemen des Unternehmens beschäftigt

hat, macht deutlich, das er sich ernsthaft mit betriebinternen Fakten auseinander gesetzt hat.

Der Kanditat kann dadurch signalisieren, dass er für diesen Ausbildungsplatz geeignet ist.

Eine intensieve Vorbereitung garantiert am Ehesten den angestrebten erfolg.

❸ Setze im Text unten die acht fehlenden Satzzeichen ein. 4

Lege dir im Vorstellungsgespräch einige stichhaltige Antworten zurecht zum Beispiel Ich habe mich in den letzten Monaten besonders für Ihre Firma interessiert weil sie einen guten Ruf in unserer Region hat Du solltest auch an Fragen denken die du selber stellen kannst

❹ Kreuze jeweils an, was richtig geschrieben ist. 2

- O gut lesbare Adresse
- O gut lesbare Addresse
- O gutlesbare Adresse

- O kein x-beliebiges anschreiben
- O kein x-beliebiges Anschreiben
- O kein xbeliebiges anschreiben

❺ Welche Fremdwörter in den Texten oben haben die angegebene Bedeutung? 4

______________________ übermitteln; ankündigen, deutlich machen

______________________ angespannt, angestrengt; stark, eindringlich; tief, satt

______________________ Bereich; Gegend

______________________ Tatsachen

2

❻ Getrennt- oder Zusammenschreibung? Streiche das Falsche durch.

- sich mit einer Sache auseinandersetzen - auseinander setzen
- auf dem Stuhl sitzenbleiben - sitzen bleiben

18

Lösung

Theorieblock: Das Vorstellungsgespräch

❶ Welche Lösungsstrategie trifft an der gekennzeichneten Stelle zu? Kreuze an. 3

w**ä**hlen
- O Ich verlängere das Wort.
- O Ich überprüfe die Wortart.
- ⊗ Ich suche ein verwandtes Wort.
- O Ich zerlege das Wort in seine Wortbausteine.

sein **A**uftreten
- O Ich achte auf die Endung.
- ⊗ Ich beachte das Signalwort.
- O Ich verlängere das Wort.
- O Ich suche ein verwandtes Wort.

beschäfti**gt**
- ⊗ Ich bilde die Grundform.
- O Ich überprüfe die Wortart.
- O Ich schreibe das langgesprochene i meist mit ie.
- O Ich achte auf die Endung.

❷ Im folgenden Text sind acht Wörter falsch geschrieben. Streiche diese im Text durch und schreibe sie fehlerfrei darüber. 4

Wer sich mit z. B. mit ~~Produckten~~ **Produkten***, Leistungen und Problemen des Unternehmens beschäftigt hat, macht deutlich, ~~das~~* **dass** *er sich ernsthaft mit ~~betriebinternen~~* **betriebsinternen** *Fakten ~~auseinander gesetzt~~* **auseinandergesetzt** *hat. Der ~~Kanditat~~* **Kandidat** *kann dadurch signalisieren, dass er für diesen Ausbildungsplatz geeignet ist. Eine ~~intensieve~~* **intensive** *Vorbereitung garantiert am ~~Ehesten~~* **ehesten** *den angestrebten ~~erfolg~~* **Erfolg***.*

❸ Setze im Text unten die acht fehlenden Satzzeichen ein. 4

Lege dir im Vorstellungsgespräch einige stichhaltige Antworten zurecht, zum Beispiel: „Ich habe mich in den letzten Monaten besonders für Ihre Firma interessiert, weil sie einen guten Ruf in unserer Region hat." Du solltest auch an Fragen denken, die du selber stellen kannst.

❹ Kreuze jeweils an, was richtig geschrieben ist. 2

⊗ gut lesbare Adresse	O kein x-beliebiges anschreiben
O gut lesbare Addresse	⊗ kein x-beliebiges Anschreiben
O gutlesbare Adresse	O kein xbeliebiges anschreiben

❺ Welche Fremdwörter in den Texten oben haben die angegebene Bedeutung? 4

signalisieren	übermitteln; ankündigen, deutlich machen
intensiv	angespannt, angestrengt; stark, eindringlich; tief, satt
die Region	Bereich; Gegend
die Fakten	Tatsachen

❻ Getrennt- oder Zusammenschreibung? Streiche das Falsche durch. 2

- sich mit einer Sache auseinandersetzen - ~~auseinander setzen~~
- auf dem Stuhl ~~sitzenbleiben~~ - sitzen bleiben

18

Übungsdiktate

1. Übungsdiktat

Das individuelle Bewerbungsschreiben sticht

Nach der Berufswahlentscheidung ist der nächste Schritt / das Suchen nach einem geeigneten Ausbildungsplatz. / Die richtige Bewerbung stellt für viele Schulabgänger / schon die erste Hürde auf dem Weg / in die berufliche Ausbildung dar. / Wer jedoch einige Grundregeln beachtet, / kann gravierende Fehler / gleich beim Bewerbungsschreiben vermeiden. / Der Personalleiter eines Betriebes / muss aus einer Vielzahl von Bewerbungen / die richtige Auswahl treffen. / Oft entscheiden deshalb die sorgfältig erstellten Bewerbungsunterlagen / über die erhoffte Einladung zu einem Vorstellungsgespräch. (76 Wörter)

2. Übungsdiktat

Stirbt Mutter Erde?

Die Erwärmung der Erdatmosphäre / nimmt dramatische Ausmaße an. / Treibhausgase sind nach Ansicht namhafter Wissenschaftler mitverantwortlich, / dass die Zahl der Naturkatastrophen beängstigend zunimmt. / Hurrikane, Überschwemmungen und Dürren / drohen der Menschheit. / Klimaforscher mahnen zur Eile und meinen, / dass es billiger sei, / in moderne Technologien zu investieren, / als Wirbelsturmschäden zu beseitigen. / Sie fordern, dass der weltweite Ausstoß von Treibhausgasen / bis zum Jahr 2050 / um die Hälfte gesenkt werden müsse, / damit die Erderwärmung nicht aus dem Ruder laufe. (77 Wörter)

3. Übungsdiktat

Keine Toleranz für Stadion-Randalierer

Schwere Fußball-Krawalle (Fußballkrawalle) / erschüttern mehr und mehr friedliche Fans. / Kriminelle schaffen es leider immer wieder, / das Ansehen einer ganzen Sportart zu beschädigen. / Niemand darf vergessen: / Jedes Wochenende finden in Deutschland etwa 80 000 Fußballspiele statt. / Zum Glück verlaufen fast alle ohne Ärgernis / und keinem Zuschauer passiert etwas. / Gegenüber notorischen Störern / darf es null Toleranz geben. Wer zuschlägt, muss wissen, / dass ihm harte Strafmaßnahmen drohen. / Fußball ist die Chance für Integration / und dafür müssen alle Rahmenbedingungen geschaffen werden. (79 Wörter)

4. Übungsdiktat

Für Optimismus ist es nie zu spät

Optimismus ist theoretisch / eine ganz einfache Grundhaltung: / Das Glas ist nicht schon halb leer, / sondern immer noch halb voll. / Wer anders denkt, / der wird ein anderer. / Wer versucht, die Dinge angenehm zu sehen, / gewinnt allmählich eine andere Einstellung zum Leben. / Sich erreichbare Ziele zu setzen, / negative Gedanken in positive umzuwandeln, / ist auch eine Devise der neuen positiven Psychologie. / Was nutzt es, über Dinge zu grübeln, / die vorbei sind und die man nicht mehr ändern kann. (82 Wörter)

5. Übungsdiktat

Kein Herz für Tiere

Die Tierliebe vieler Menschen ist groß, / allerdings kann sie bei allzu vielen / auch in das Gegenteil umschlagen. / Davon zeugen die allerorten überfüllten Tierheime. / Oft werden Tiere - / meist unmittelbar vor Ferienbeginn - / kaltblütig ausgesetzt / und wie ein lebloser Gegenstand entsorgt. / Bestenfalls gelangen sie mit Hilfe (mithilfe) / eines Mitleid habenden Finders in ein Tierheim, / wo sie wenigstens etwas zu fressen bekommen / und auch ärztlich versorgt werden. / Wenn schon Kinder / am einst geliebten Haustier die Lust verlieren, / dürfen Erwachsene erst recht nicht / hilflose Lebewesen völlig unverantwortlich im Stich lassen. (88 Wörter)

RS	Name: ______________________	Datum: ______________	

Im Wörterbuch nachschlagen

Das ist die wichtigste und sicherste Methode, um ein Wort richtig schreiben zu können. Mit einem Wörterlexikon lässt es sich gut arbeiten. Ohne fremde Hilfe kannst du selbst nachschlagen und feststellen, wie ein Wort richtig geschrieben wird. Wenn du häufiger in deinem Wörterbuch nachschlägst, wirst du bald merken, dass du immer sicherer wirst und mehr und mehr Wörter fehlerfrei schreiben kannst.
Die Wörter in einem Wörterbuch sind **nach dem Alphabet geordnet**. Voraussetzung zum Nachschlagen ist deshalb, dass du das Alphabet beherrscht.

❶ Dabei ist zunächst der **erste** Buchstabe wichtig.
Beispiel: Du findest das Wort „Arzt" unter dem Buchstaben „A", „Clown" unter „C" und „Vase" unter „V".

❷ Auch die **weiteren** Buchstaben sind wichtig.
Bei z. B. gleichen ersten und zweiten Buchstaben kommt es auf den **dritten** Buchstaben an.
Ordne die Wörter jeweils nach dem 3. Buchstaben und markiere nochmals den Buchstaben, auf den es ankommt.

N	a	c	h	t		
N	a	d	e	l		
N	a	g	e	l		

passen						
packen						
Paket						

Bauch					
Bank					
bald					

Wenn die ersten drei Buchstaben gleich sind, entscheidet der **vierte** Buchstabe.

g	r	a	b	e	n		
G	r	a	m	m			
G	r	a	s				

vergessen									
verletzen									
verbieten									

stark					
Stadt					
Stamm					

Du suchst die folgenden Wörter. Markiere jeweils den entscheidenden Buchstaben:
gründlich, Konflikt, hochinteressant, herunterfallen, verlieren, Temperatur, Landstraße, Existenz, auseinandergehen, vielleicht.
Die Umlaute „ä", „äu", „ö" und „ü" werden wie „a", „au", „o" und „u" begandelt.

❸ Die Wörter im Wörterbuch sind nach Stichwörtern in einer bestimmten Form angeordnet:
- Nomen stehen zuerst in der Einzahl (Singular) mit Begleiter (Artikel), z. B. „Sonne, die".
- Verben stehen in der Grundform (Infinitiv), z. B. „spielen".
- Adjektive stehen in der Grundstufe, z. B. „kalt".

Um das Stichwort zum Nachschlagen zu finden, musst man deshalb beim Nomen den Singular, beim Verb den Infinitiv und beim Adjektiv die Grundstufe bilden, was oft eine Änderung der Wörter verlangt.
Beispiele:
du fällst, er fiel → Stichwort: fallen; des Baumes, Bäume → Stichwort: Baum; kälter → Stichwort: kalt

Du suchst das Wort:	Du findest es unter:	Du suchst das Wort:	Du findest es unter:
du gibst	______________	es glüht	______________
dünner	______________	am härtesten	______________
Lieder	______________	ist geflossen	______________

Bei zusammengesetzten Wörtern muss man unter dem ersten Wort nachschlagen. Wenn man dort das zusammengesetzte Wort nicht findet, muss man auch das Grundwort nachschlagen.
Kreuze die zusammengesetzten Wörter an, die so im Wörterbuch stehen.

O Fotoapparat   O höchstwahrscheinlich   O Wirtschaftsexperte   O Kontrollfunktion
O Müllproblem   O Interessengemeinschaft   O Intelligenzquotient   O Aggressionslust

RS Name: ______________________ Datum: ______________

Im Wörterbuch nachschlagen

In den meisten Wörterbüchern erhältst du nicht nur die richtige Schreibweise eines Wortes, sondern noch weitere Hinweise.

❶ So können Nomen (Namenwörter) im Wörterbuch stehen:

① Begleiter (Artikel) des Nomens

② Das ist die Mehrzahl (Plural) des Wortes

③ So wird das Wort getrennt

So wird das Wort richtig geschrieben

④ So wird das Wort ausgesprochen

⑤ Hinweise auf die Fälle: Wessen-, Wem-, Wenfall

⑥ Das sind weitere verwandte Wörter und Zusammensetzungen zur Wortfamilie Christ.

⑦ Worterklärung (Definition)

⑧ Beispiele zum besseren Verständnis

der **Christ** [krɪst]; des/dem/den Chris|ten; die Chris|ten; der **Christ|baum**; die **Chris|ten|heit**; das **Chris|ten|tum**; die **Chris|ten|ver|fol|gung**; die **Chris|tin**; die Christin nen; das **Christ|kind**; des Christkind[e]s; **christ|lich**; die christliche Seefahrt;

das **Me|di|um** (die Kommunikation vermittelnde Person oder Sache); die Me|di|en (insbesondere: Film, Funk, Fernsehen, Presse); die neuen Medien (insbesondere: Computer, Internet, CD-ROM, DVD)

Wichtige Hinweise zu **Nomen**

____

____

____

____

____

____

____

____

❷ So können Verben (Tunwörter) im Wörterbuch stehen:

① Grundform (Infinitiv) des Wortes

② Hinweis auf (unregelmäßige) Zeitformen
Gegenwart (du greifst, sie greift)
1. Vergangenheit (sie griff)
2. Vergangenheit (sie hat gegriffen)
Befehlsform (greife danach)

③ Verwandtes Wort

④ Satzbeispiel zu dem Wort

grei|fen; du greifst; sie greift; sie griff; sie hat danach gegriffen; greife danach!; die Krankheit hat sehr um sich gegriffen; der Sieg war zum Greifen nahe; der **Greif|vo|gel**

⑤ Hinweis auf Silbentrennung

Wort im Satzzusammenhang

⑥ Redewendung zu dem Wort und ihre Bedeutung

⑦ Hinweis auf Getrenntschreibung

hän|gen; das Bild hängt; das Bild hing an der Wand; das Bild hat hier gehangen; mit Hängen und Würgen (*umgangssprachlich für:* mit Müh und Not); an einem Nagel hängen bleiben; er ist daran hängen geblieben; das Bild soll hängen bleiben; ich lasse meinen Freund nicht hängen (*umgangssprachlich für:* ich lasse ihn nicht im Stich); ich habe ihn nicht hängen lassen; der Kunde hat seinen Hut hängen lassen

Wichtige Hinweise zu **Verben**

____

____

____

____

____

____

____

____

❸ So können Adjektive (Eigenschaftswörter) im Wörterbuch stehen:

① Grundform des Adjektivs

② Steigerung des Adjektivs mit Silbentrennung
1. Steigerungsstufe/Höchststufe

③ Redewendung mit Erklärung

Satzbeispiel

verwandte Wörter

glatt; glat|ter *oder* glät|ter; am glat|testen *oder* glät|tes|ten; die Bluse glatt bügeln *oder* glattbügeln
glatt|bü|geln *vergleiche:* **glatt**
die **Glät|te**
das **Glatt|eis**
glät|ten; du glättest; sie glättete; sie hat das Papier geglättet; glätte das Papier!
glatt|ge|hen (gut gehen); alles ist glattgegangen

Grundform

Verwandtes Verb mit Zeitformen

④ Hinweis auf Zusammen-, Getrenntschreibung

⑤ Satzbeispiel

⑥ verwandte zusammengesetzte Wörter

hart; här|ter; am här|tes|ten; eine harte Währung; es kommt hart auf hart; hart gekochte *oder* hartgekochte Eier; hart gefrorener *oder* hartgefrorener Boden
die **Här|te**
här|ten; du härtest; sie härtet; sie härtete; er hat den Stahl gehärtet; härte ihn!
der **Här|te|test** (Test auf Belastbarkeit); Autoreifen im Härtetest
hart|ge|fro|ren, **hart|ge|kocht** *vergleiche:* **hart**
das **Hart|geld** (Münzen)

Wichtige Hinweise zu **Adjektiven**

____

____

____

____

____

____

____

RS Name: ____________________ Datum: ____________________

Im Wörterbuch nachschlagen

In den meisten Wörterbüchern erhältst du nicht nur die richtige Schreibweise eines Wortes, sondern noch weitere Hinweise.

❶ So können Nomen (Namenwörter) im Wörterbuch stehen:

① Begleiter (Artikel) des Nomens

② Das ist die Mehrzahl (Plural) des Wortes

③ So wird das Wort getrennt

So wird das Wort richtig geschrieben

④ So wird das Wort ausgesprochen

⑤ Hinweise auf die Fälle: Wessen-, Wem-, Wenfall

⑥ Das sind weitere verwandte Wörter und Zusammensetzungen zur Wortfamilie Christ.

⑦ Worterklärung (Definition)

⑧ Beispiele zum besseren Verständnis

der **Christ** [krɪst]; des/dem/den Chris|ten; die Chris|ten; der **Christ|baum**; die **Chris|ten|heit**; das **Chris|ten|tum**; die **Chris|ten|ver|fol|gung**; die **Chris|tin**; die Christinnen; das **Christ|kind**; des Christkind[e]s; **christ|lich**; die christliche Seefahrt;

das **Me|di|um** (die Kommunikation vermittelnde Person oder Sache); die Me|di|en (insbesondere: Film, Funk, Fernsehen, Presse); die neuen Medien (insbesondere: Computer, Internet, CD-ROM, DVD)

Wichtige Hinweise zu **Nomen**

1. **Begleiter (Artikel)**
2. **Mehrzahl (Plural)**
3. **Silbentrennung**
4. **Aussprache**
5. **Fälle, bes. Genitiv**
6. **Verwandte Wörter**
7. **Worterklärung**
8. **Beispiele**

❷ So können Verben (Tunwörter) im Wörterbuch stehen:

① Grundform (Infinitiv) des Wortes

② Hinweis auf (unregelmäßige) Zeitformen Gegenwart (du greifst, sie greift) 1. Vergangenheit (sie griff) 2. Vergangenheit (sie hat gegriffen) Befehlsform (greife danach)

③ Verwandtes Wort

④ Satzbeispiel zu dem Wort

grei|fen; du greifst; sie greift; sie griff; sie hat danach gegriffen; greife danach!; die Krankheit hat sehr um sich gegriffen; der Sieg war zum Greifen nahe; der **Greif|vo|gel**

⑤ Hinweis auf Silbentrennung

Wort im Satzzusammenhang

⑥ Redewendung zu dem Wort und ihre Bedeutung

⑦ Hinweis auf Getrenntschreibung

hän|gen; das Bild hängt; das Bild hing an der Wand; das Bild hat hier gehangen; mit Hängen und Würgen (*umgangssprachlich für:* mit Müh und Not); an einem Nagel hängen bleiben; er ist daran hängen geblieben; das Bild soll hängen bleiben; ich lasse meinen Freund nicht hängen (*umgangssprachlich für:* ich lasse ihn nicht im Stich); ich habe ihn nicht hängen lassen; der Kunde hat seinen Hut hängen lassen

Wichtige Hinweise zu **Verben**

1. **Grundform des Verbs**
2. **(Unregelmäßige) Zeitformen**
3. **Verwandte Wörter**
4. **Satzbeispiel**
5. **Silbentrennung**
6. **Redewendung**
7. **Getrenntschreibung**

❸ So können Adjektive (Eigenschaftswörter) im Wörterbuch stehen:

① Grundform des Adjektivs

② Steigerung des Adjektivs mit Silbentrennung 1. Steigerungsstufe/Höchststufe

③ Redewendung mit Erklärung

Satzbeispiel

verwandte Wörter

Grundform

④ Hinweis auf Zusammen-, Getrenntschreibung

⑤ Satzbeispiel

Verwandtes Verb mit Zeitformen

⑥ verwandte zusammengesetzte Wörter

glatt; glat|ter *oder* glät|ter; am glat|tes|ten *oder* glät|tes|ten; die Bluse glatt bügeln *oder* glattbügeln
glatt|bü|geln *vergleiche:* **glatt**
die **Glät|te**
das **Glatt|eis**
glät|ten; du glättest; sie glättete; sie hat das Papier geglättet; glätte das Papier!
glatt|ge|hen (gut gehen); alles ist glattgegangen

hart; här|ter; am här|tes|ten; eine harte Währung; es kommt hart auf hart; hart gekochte *oder* hartgekochte Eier; hart gefrorener *oder* hartgefrorener Boden
die **Här|te**
här|ten; du härtest; sie härtet; sie härtete; er hat den Stahl gehärtet; härte ihn!
der **Här|te|test** (Test auf Belastbarkeit); Autoreifen im Härtetest
hart|ge|fro|ren, **hart|ge|kocht** *vergleiche:* **hart**
das **Hart|geld** (Münzen)

Wichtige Hinweise zu **Adjektiven**

1. **Grundform des Adjektivs**
2. **Steigerung mit Silbentrennung**
3. **Redewendungen**
4. **Getrennt-/Zusammenschr.**
5. **Satzbeispiele**
6. **Verwandte Wörter**

RS	Name: ____________________	Datum: ______________

Schritte zum schnellen Nachschlagen

❶ Beim ersten Aufschlagen gleich abschätzen: Wo etwa ist das Stickwort, z. B. „B" ziemlich weit vorn, „D" im vorderen Viertel, „K" etwa in der Mitte, „S" und „Sch" im hinteren Viertel.
Übe das ungefähre Aufschlagen.
Schlage die in der mittleren Spalte angegebenen Buchstaben auf. Du hast nur einen Versuch. Erwischt du genau den Buchstaben, dann ist das ein Volltreffer und gibt 5 Punkte. Hast du vorausgehende oder nachfolgende Buchstaben aufgeschlagen, dann ergibt das die Punktzahl wie in der Tabelle unten angegeben.

1 P.	2 P.	3 P.	5 P.	3 P.	2 P.	1 P.
H	I	J	K	L	M	N
Qu	R	S	T	U	V	W
D	E	F	G	H	I	J

1 P.	2 P.	3 P.	5 P.	3 P.	2 P.	1 P.
S	T	U	V	W	X	Y
O	P	Qu	R	S	T	U
B	C	D	E	F	G	H

❷ Schnellorientierung mit Hilfe der Leitwörter
Sie geben das 1. Wort (oben links) und das letzte Wort (unten rechts) der Doppelseite an.

❸ Welcher Buchstabe ist für das Finden des Stichworts entscheidend?
Beispiele: verschmutzen, überfahren, Einwohner, Prozess, Konzept, auseinandergehen.

Schnelles Überprüfen von Wörtern

Du hast in der Prüfung fünf Minuten Zeit, um mit Hilfe des Wörterlexikons Fehler zu verbessern. Trainiere für diese Prüfungssituation und versuche in dieser Zeitspanne möglichst viele Wörter zu korrigieren.
Schaffst du die folgenden zwölf Fehlerwörter in fünf Minuten? Streiche das Fehlerwort durch und schreibe das richtige Wort darunter.

Teorie	Filiahle	beschliesen	Tariv	Laibrente	Flosfahrt
________	________	________	________	________	________
Lieneal	bischen	Flechsibilität	Triumpf	Trent	fünf Mal
________	________	________	________	________	________

Beachte auch: Wenn du bereits einen Buchstaben aufgeschlagen hast, z. B. „T", dann überprüfe zuerst alle Wörter mit „T", bevor du zu einem anderen Buchstaben wechselst.

Trainiere das schnelle Nachschlagen und Korrigieren mit einem Partner/einer Partnerin. Jeder sucht sich zunächst zehn schwierige Wörter aus dem Wörterbuch und schreibt sie auf einen Zettel. Diese werden dann gegenseitig diktiert. Die Wörterdiktate werden dann ausgetauscht und los geht's mit der Korrektur. Die Uhr läuft. Wer hat am schnellsten in welcher Zeit die Wörter seines Partners überprüft?

Von den folgenden zwölf Wörtern/Wortgruppen sind sechs fehlerhaft. Wie lange brauchst du, um diese zu finden und zu berichtigen? Streiche das Falsche durch und schreibe richtig dahinter.

- genau so viel
- Pläne entwickeln
- ein bisschen mehr
- zu ende gehen
- die Ruhe genießen
- heute morgen
- etwas Besonderes
- gute Voraussetzungen
- dazwischen reden
- ein intresannter Fall
- gar nicht wollen
- nach hause kommen

RS	Name: ______________________	Datum: ______________

Schritte zum schnellen Nachschlagen

❶ Beim ersten Aufschlagen gleich abschätzen: Wo etwa ist das Stickwort, z. B. „B“ ziemlich weit vorn, „D“ im vorderen Viertel, „K“ etwa in der Mitte, „S“ und „Sch“ im hinteren Viertel.
Übe das ungefähre Aufschlagen.
Schlage die in der mittleren Spalte angegebenen Buchstaben auf. Du hast nur einen Versuch. Erwischt du genau den Buchstaben, dann ist das ein Volltreffer und gibt 5 Punkte. Hast du vorausgehende oder nachfolgende Buchstaben aufgeschlagen, dann ergibt das die Punktzahl wie in der Tabelle unten angegeben.

1 P.	2 P.	3 P.	5 P.	3 P.	2 P.	1 P.
H	I	J	K	L	M	N
Qu	R	S	T	U	V	W
D	E	F	G	H	I	J

1 P.	2 P.	3 P.	5 P.	3 P.	2 P.	1 P.
S	T	U	V	W	X	Y
O	P	Qu	R	S	T	U
B	C	D	E	F	G	H

❷ Schnellorientierung mit Hilfe der Leitwörter
Sie geben das 1. Wort (oben links) und das letzte Wort (unten rechts) der Doppelseite an.

❸ Welcher Buchstabe ist für das Finden des Stichworts entscheidend?
Beispiele: verschmutzen, überfahren, Einwohner, Prozess, Konzept, auseinandergehen.

Schnelles Überprüfen von Wörtern

Du hast in der Prüfung fünf Minuten Zeit, um mit Hilfe des Wörterlexikons Fehler zu verbessern. Trainiere für diese Prüfungssituation und versuche in dieser Zeitspanne möglichst viele Wörter zu korrigieren.
Schaffst du die folgenden zwölf Fehlerwörter in fünf Minuten? Streiche das Fehlerwort durch und schreibe das richtige Wort darunter.

Teorie	Filiahle	beschliesen	Tariv	Laibrente	Flosfahrt
Theorie	**Filiale**	**beschließen**	**Tarif**	**Leibrente**	**Floßfahrt**
Lieneal	bischen	Flechsibilität	Triumpf	Trent	fünf Mal
Lineal	**bisschen**	**Flexibilität**	**Triumph**	**Trend**	**fünfmal**

Beachte auch: Wenn du bereits einen Buchstaben aufgeschlagen hast, z. B. „T“, dann überprüfe zuerst alle Wörter mit „T“, bevor du zu einem anderen Buchstaben wechselst.

Trainiere das schnelle Nachschlagen und Korrigieren mit einem Partner/einer Partnerin. Jeder sucht sich zunächst zehn schwierige Wörter aus dem Wörterbuch und schreibt sie auf einen Zettel. Diese werden dann gegenseitig diktiert. Die Wörterdiktate werden dann ausgetauscht und los geht‘s mit der Korrektur. Die Uhr läuft. Wer hat am schnellsten in welcher Zeit die Wörter seines Partners überprüft?

Von den folgenden zwölf Wörtern/Wortgruppen sind sechs fehlerhaft. Wie lange brauchst du, um diese zu finden und zu berichtigen? Streiche das Falsche durch und schreibe richtig dahinter.

- ~~genau so viel~~ **genauso viel**
- Pläne entwickeln
- ein bisschen mehr
- ~~zu ende gehen~~ **zu Ende gehen**
- die Ruhe genießen
- ~~heute morgen~~ **heute Morgen**
- etwas Besonderes
- gute Voraussetzungen
- ~~dazwischen reden~~ **dazwischenreden**
- ~~ein intresannter Fall~~ **ein interessanter Fall**
- gar nicht wollen
- ~~nach hause kommen~~ **nach Hause kommen**

RS	Name: ____________________	Datum: ______________

Unregelmäßige Zeitformen

Bei gebeugten Verben muss man erst die Grundform (Infinitiv) als Stichwort ermitteln, um nachschlagen zu können, z. B. fiel → fallen, geschlossen → schließen.

Infinitiv	Gegenwart (2. Person: du)	1. Vergangenheit (3. Person: er)	2. Vergangenheit (3. Person: er)	Weitere Verben mit derselben Unregelmäßigkeit
beginnen				
beißen				
bleiben				
erschrecken				
essen				
fahren				
fallen				
finden				
fliegen				
geben				
gehen				
haben				
halten				
kennen				
kommen				
lassen				
laufen				
lesen				
liegen				
nehmen				
reißen				
rufen				
schließen				
sehen				
sein				
singen				
sitzen				
sprechen				
stehen				
werden				
wissen				

RS Name: ______________________ Datum: ______________

Unregelmäßige Zeitformen

Bei gebeugten Verben muss man erst die Grundform (Infinitiv) als Stichwort ermitteln, um nachschlagen zu können, z. B. fiel → fallen, geschlossen → schließen.

Infinitiv	Gegenwart (2. Person: du)	1. Vergangenheit (3. Person: er)	2. Vergangenheit (3. Person: er)	Weitere Verben mit derselben Unregelmäßigkeit
beginnen	du beginnst	er begann	er hat begonnen	gewinnen, schwimmen
beißen	du beißt	er biss	er hat gebissen	reißen, schmeißen
bleiben	du bleibst	er blieb	er ist geblieben	reiben, schreiben
erschrecken	du erschrickst	er erschrak	er ist erschrocken	
essen	du isst	er aß	er hat gegessen	messen, vergessen
fahren	du fährst	er fuhr	er ist gefahren	
fallen	du fällst	er fiel	er ist gefallen	
finden	du findest	er fand	er hat gefunden	binden, empfinden
fliegen	du fliegst	er flog	er ist geflogen	wiegen, biegen
geben	du gibst	er gab	er hat gegeben	
gehen	du gehst	er ging	er ist gegangen	
haben	du hast	er hatte	er hat gehabt	
halten	du hältst	er hielt	er hat gehalten	
kennen	du kennst	er kannte	er hat gekannt	brennen, nennen
kommen	du kommst	er kam	er ist gekommen	
lassen	du lässt	er ließ	er hat gelassen	
laufen	du läufst	er lief	er ist gelaufen	
lesen	du liest	er las	er hat gelesen	
liegen	du liegst	er lag	er ist / hat gelegen	
nehmen	du nimmst	er nahm	er hat genommen	
reißen	du reißt	er riss	er hat gerissen	beißen, schmeißen
rufen	du rufst	er rief	er hat gerufen	
schließen	du schließt	er schloss	er hat geschlossen	fließen, schießen, gießen
sehen	du siehst	er sah	er hat gesehen	geschehen
sein	du bist	er war	er ist gewesen	
singen	du singst	er sang	er hat gesungen	klingen, ringen, springen
sitzen	du sitzt	er saß	er ist gesessen	
sprechen	du sprichst	er sprach	er hat gesprochen	brechen
stehen	du stehst	er stand	er ist gestanden	
werden	du wirst	er wurde	er ist geworden	
wissen	du weißt	er wusste	er hat gewusst	

RS Name: ______________________ Datum: ____________

Wortfamilien häufiger Fehlerwörter

Wenn ich ein Wort einer Wortfamilie kenne, kann ich meist auch die verwandten Wörter richtig schreiben, z. B. Name → namens, namentlich, nämlich.
Suche zu jedem Wort noch etwa fünf weitere verwandte Wörter oder Wortgruppen.

Abend: gestern/heute/morgen Abend, abends, abendlich, am Samstagabend, Abendessen

Angst: ______________________

außen/außer: ______________________

Ende: ______________________

essen: ______________________

fahren: ______________________

____

fallen: ______________________

fehlen: ______________________

Glück: ______________________

Interesse: ______________________

kommen: ______________________

lassen: ______________________

mal/mals: ______________________

Mal/Male: ______________________

Morgen: ______________________

nah(e): ______________________

nehmen: ______________________

____

Ruhe: ______________________

schließen: ______________________

Schreck: ______________________

sehen: ______________________

sitzen: ______________________

stehen: ______________________

Tod: ______________________

tot: ______________________

viel: ______________________

wissen: ______________________

Zahl: ______________________

RS	Name: ______________________	Datum: ______________

Wortfamilien häufiger Fehlerwörter

Wenn ich ein Wort einer Wortfamilie kenne, kann ich meist auch die verwandten Wörter richtig schreiben, z. B. Name → namens, namentlich, nämlich.
Suche zu jedem Wort noch etwa fünf weitere verwandte Wörter oder Wortgruppen.

Abend:	gestern/heute/morgen Abend, abends, abendlich, am Samstagabend, Abendessen
Angst:	**Ängste, ängstlich, Angst haben/bekommen/machen, sich ängstigen, Angstgefühl**
außen/außer:	**äußerlich, äußern, draußen, außerdem, außerhalb, außerordentlich**
Ende:	**zu Ende gehen/sein, endlich, enden, endlos, endgültig, beenden, vollenden**
essen:	**isst, aß(en), das/beim Essen, essbar, Essbesteck, aufessen, Mittag-/Abendessen**
fahren:	**fähr(s)t, fuhr(en), Fahrt, Fahrer, Fahrrad, Abfahrt, Anfahrt, Ausfahrt, Einfahrt, erfahren, Erfahrung, Gefahr, gefährlich, gefährden, Gefährte, Rückfahrt, Vorfahrt, Zufahrt**
fallen:	**fäll(s)t, fiel(en), Abfall, Ausfall, Befall, gefallen, Einfall, Vorfall, Zufall, zufällig, fällig**
fehlen:	**Fehler, fehlerfrei, fehlerhaft, fehlerlos, befehlen, Befehl, fehlschlagen**
Glück:	**glücken, glücklich, glücklos, Glückwunsch, beglücken, Unglück, verunglücken**
Interesse:	**interessieren, interessant, Interessent, interesselos, desinteressiert, uninteressant**
kommen:	**komm(s)t, kamen, ankommen, bekommen, vorkommen, Einkommen, Auskommen**
lassen:	**lässt, ließ(en), Anlass, auslassen, Entlassung, zulassen, zulässig, zuverlässig**
mal/mals:	**einmal, diesmal, manchmal, nochmal, erstmals, mehrmals, vielmals**
Mal/Male:	**das eine Mal, dieses Mal, manches Mal, zum ersten/letzten Mal, mehrere/viele Male**
Morgen:	**heute/gestern Morgen, morgens, morgen, morgen, morgen Abend, morgen früh**
nah(e):	**näher, am nächsten, Nähe, nahen, nähern, annähern, beinahe, nahezu, Nahziel**
nehmen:	**nimm(s)t, nahm(en), abnehmen, Annahme, aufnehmen, benehmen, einnehmen, durchnehmen, mitnehmen, Nachnahme, Übernahme, teilnehmen, Rücknahme**
Ruhe:	**ruhig, ruhen, ruhelos, Ruhetag, Unruhe, unruhig, ausruhen, beunruhigen, geruhsam**
schließen:	**schloss, schließlich, Schloss, Schluss, Abschluss, aufschließen, Beschluss**
Schreck:	**schrecken, schrecklich, erschrecken, erschrak, schreckhaft, aufschrecken**
sehen:	**sieh(s)t, sah(en), das Sehen, Sicht, Ansicht, Absicht, einsehen, versehen, Vorsicht**
sitzen:	**saß(en), gesessen, Sitz, Sitzung, Sitzplatz, besitzen, Besitz, vorsitzen, Vorsitz**
stehen:	**stand(en), Stand, Abstand, anstehen, aufstehen, bestehen, Bestand, Verstand**
Tod:	**Todesangst, Todesgefahr, Todfeind, todernst, toskrank, todmüde, todsicher**
tot:	**Tote, tören, Tötung, Totensonntag, Totenhilfe, totfahren, totlachen, totschießen**
viel:	**nicht viel, so viel, wie viel, zu viel, vielleicht, vielerlei, vielmals, vielmehr, vielseitig**
wissen:	**weiß(t), wusste(n), Wissen, wissentlich, wissbegierig, Gewissen, bewusst**
Zahl:	**zahlen, zählen, Zähler, abzahlen, bezahlen, Einzahlung, erzählen, Erzählung**

Grundbegriffe der Grammatik (Überblick)

Lateinisch	Deutsch	Beispiele
Adjektiv, das	Eigenschaftswort	**schön**, **gut**, das **schnelle** Auto
Adverb, das	Umstandswort	
	• der Art und Weise	Sie läuft **schnell**. (Wie?)
	• des Grundes	... und **deshalb** kam er nicht. (Warum?)
	• des Ortes	Er geht nach **oben**. (Wo? Wohin?)
	• der Zeit	Er kommt **morgen**. (Wann?)
Akkusativ, der	Wenfall, 4. Fall	Der Schüler fragt **den Lehrer**.
Apostroph, das	Auslassungszeichen	Ist's gut so? Schiller'schen Gedichte
Apposition, die	Beisatz	Klaus, **mein bester Freund**, kommt noch heute.
Artikel, der	Geschlechtswort/Begleiter	der, die, das - ein, eine, ein
Attribut, das	Beifügung	der **siebte** Tag, ein **anhaltend** langer Beifall
Dativ, der	Wemfall, 3. Fall	Der Schüler schreibt **seinem Freund**.
direkte Rede, die	wörtliche Rede	Er fragte: „Gehst du mit?“
Femininum, das	weibliches Namenwort	**die** Frau, **die** Maus, **die** Freude, **eine** Uhr
Futur, das	Zukunft	Ich **werde** heute zum Sport **gehen**.
Genitiv, der	Wessenfall, 2. Fall	das Auto **meines Vaters**
Imperfekt, das	1. Vergangenheit	Ich **lachte** und **ging** schnell nach Hause.
indirekte Rede, die	nichtwörtliche Rede	Ich sagte ihm, dass ich **kommen würde (käme)**.
Infinitiv, der	Grundform des Verbs	lachen, gehen, singen
Interpunktion, die	Zeichensetzung	Ich weiß**,** dass du gehst**.** Wohin**?** Nein**!**
Grammatik, die	Sprachbetrachtung/-lehre	Lehre von Wörtern und Sätzen
Kasus, der	Fall	Nominativ, Genitiv, Dativ, Akkusativ
Komparativ, der	Höherstufe beim Adjektiv	schneller als, besser als
Konjugation, die	Beugung des Verbs	ich gehe, du gehst, wir gehen
Konjunktion, die	Bindewort	und, oder, als, weil, dass
Konsonant, der	Mitlaut	b, f, k, r, sch, w
Maskulinum, das	männliches Namenwort	**der** Mann, **der** Freund, **ein** Tisch
Nomen, das	Namenwort, Hauptwort	Wald, Sonne, Tier
Neutrum, das	sächliches Namenwort	**das** Kind, **das** Auto, **ein** Fahrrad
Nominativ, der	Werfall, 1. Fall	**Der Schüler** schreibt eine Probearbeit.
Numerale, das	Zahlwort	zwei, fünf, zwanzig; einige, manche, viele
Objekt, das	Satzergänzung	Ich lese **das Buch**. Das Buch gehört **mir**.
Partizip, das	Mittelwort	
Partizip Präsens	Mittelwort der Gegenwart	spielend, strahlend, lachend
Partizip Perfekt	Mittelwort der Vergangenheit	gelernt, gegeben, erlaubt, versteckt
Perfekt, das	2. Vergangenheit	Ich **habe gelacht**, er **ist gegangen**.
Plural, der	Mehrzahl	die Häuser, wir springen
Prädikat, das	Satzaussage	Der Vogel **fliegt**.
Präposition, die	Verhältniswort	an, auf, hinter, über, unter, vor
Präsens, das	Gegenwart	ich **lache**, du **erzählst**, wir **singen**
Pronomen, das	Fürwort	**Ich** gebe **dir mein** Buch.
Relativpronomen, das	rückbezügliches Fürwort	der Mann, **der** (**welcher**) ..., das Kind, **das** (**welches**) ...
Singular, der	Einzahl	das Haus, er springt
Subjekt, das	Satzgegenstand	**Er** schwimmt im See. **Das Feuer** brennt hell.
Substantiv, das	Namenwort, Hauptwort	Vater, Katze, Frieden, Stärke
Superlativ, der	Höchststufe beim Adjektiv	am schnellsten, am besten, am sichersten
Verb, das	Zeitwort	lachen, gehen, singen
Vokal, der	Selbstlaut	a, e, i, o, u; ä, ö, ü (Umlaute); au, äu, ai, ei, eu (Doppellaute)

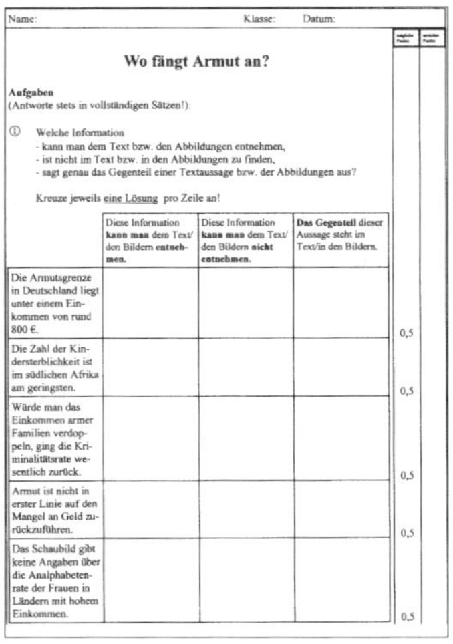

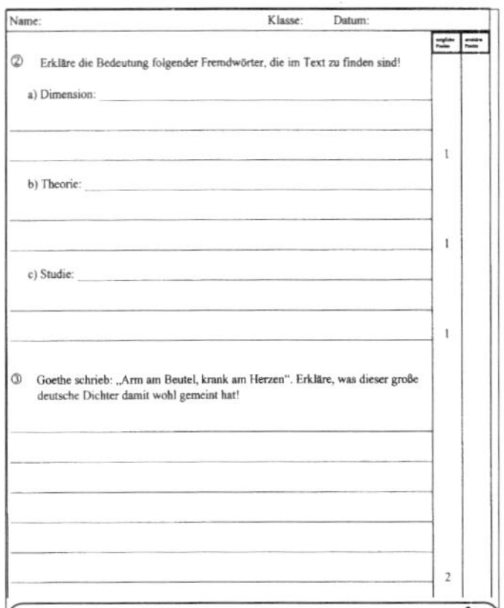

Textknacker 7.-9.

Nr. 526 *102 Seiten* € 17,90

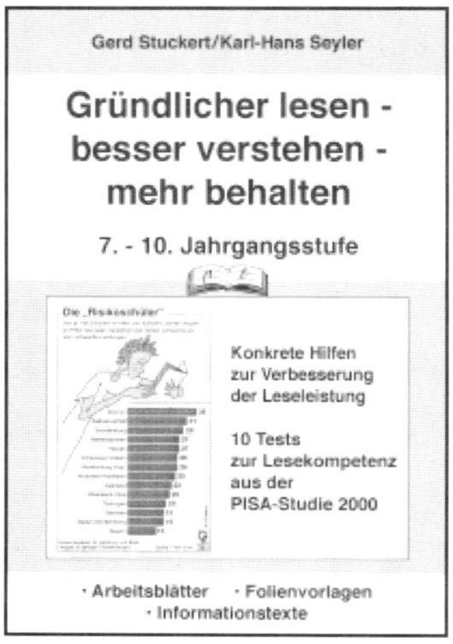

Inhaltsübersicht:

① Die Bedeutung des Lesens
② Das schnellere Lesen
③ Besser verstehen - mehr behalten
- Das orientierende Lesen
- Das gründliche Lesen
- Das einprägende Lesen
- Das kontrollierende Lesen
  Beispiel: Frage-Antwort-Blatt
  Beispiel: Arbeitsbogen

④ Mit Fragen fängt das Denken an
- Orientierendes Lesen: „Grippeschutzimpfung"
- Strukturierung von Texten mit Hilfe von Grafiken: „Gedächtnisspeicher"
- Übersichtliches Darstellen von Sachverhalten hilft besser verstehen
- Lesen und Verstehen von Schaubildern: „Sommersmog"
- Lesen und Verstehen von Schaubildern: „Bildungsgefälle in Deutschland"
- Unterstreichen hilft besser verstehen: „Stolz auf die Gleichheit"
- Von einer Gliederung einen Text erstellen
- Von einem Text einen Spickzettel und ein Schema erstellen: „Einfach keine Lust"
- PISA-Studie 2000 Lesekompetenz: TSCHADSEE
- PISA-Studie 2000 Lesekompetenz: GRIPPE SCHUTZIMPFUNG
- PISA-Studie 2000 Lesekompetenz: GRAFFITI
- PISA-Studie 2000 Lesekompetenz: ERWERBSTÄTIGE BEVÖLKERUNG
- PISA-Studie 2000 Lesekompetenz: POLIZEI
- PISA-Studie 2000 Lesekompetenz: TURNSCHUHE
- PISA-Studie 2000 Lesekompetenz: PERSONAL
- PISA-Studie 2000 Lesekompetenz: TECHNOLOGIE
- PISA-Studie 2000 Lesekompetenz: DAS GESCHENK
- PISA-Studie 2000 Lesekompetenz: AMANDA UND DIE HERZOGIN

⑤ Augentraining
7 Übungen

Gründlicher lesen- besser verstehen- mehr behalten 7.-10. Jgst.

Nr. 538 *78 Seiten* € 15,50

Inhaltsübersicht:

Vorwort
Inhaltsverzeichnis
Definition „Kurzgeschichte"
Lesebuchgeschichten (W. Borchert)
So ein Rummel (H. Böll)
Nachts schlafen die Ratten doch (W. Borchert)
Die Probe (H. Malecha)
Das Stenogramm (M. von der Grün)
Brudermord im Altwasser (G. Britting)
Ein Kind töten (S. Dagerman)
Ein Freund der Regierung (S. Lenz)
Der Weg hinaus (H. Eisenreich)
An diesem Dienstag (W. Borchert)
Der Lacher (H. Böll)
Der Mensch, den ich erlegt hatte (G. Gaiser)
Saisonbeginn (E. Langgässer)
Die Küchenuhr (W. Borchert)
Der Tunnel (F. Dürrenmatt)

Kurzgeschichte Band I

Nr. 570 *120 Seiten* €18,90

Inhaltsübersicht:

W. Schnurre: Der Brötchenclou
L. Graf: Nichts Besseres zu tun
E. Junge: Der Sieger
H. Geck: Die Dynamitpatrone
N. Schindler: Haltestelle
S. Andres: Die beinah verhinderte Weihnacht
H. Bender: Die Wölfe kommen zurück
G. Weisenborn: Zwei Männer
G. Eich: Züge im Nebel
H. Böll: Die Waage der Baleks
W. Schnurre: Die Tat
E. Langgässer: Untergetaucht
W. Borchert: Die Kegelbahn
W. Borchert: Da gibt es nur eins

Kurzgeschichte Band II

Nr. 826 *124 Seiten* €18,90

Heinz Piontek:
Bruder und Bruder
Langgäser:
Untergetaucht
George Garrett:
Die Rivalen
Sarojan:
Der Überfall
Hesse:
Der Wolf
Reding:
Zum Runterschlucken für Grabner

mit Stundenbildern

Sechs top Kurzgeschichten

Nr. 649 *ca. 60 Seiten* € 14,90

---

pb verlag **Stand der Preise 2007 - Bitte beachten Sie unsere aktuelle Preisliste!** pb verlag